L. B. SATIS & T. K. YONGDROUP

L'ORACLE DU CAPRICORNE

Mieux se connaître et se réaliser

Jouvence éso

Dans la même collection aux Éditions Jouvence

L'Oracle du Bélier (20 mars - 20 avril)
L'Oracle du Taureau (21 avril - 21 mai)
L'Oracle des Gémeaux (22 mai - 22 juin)
L'Oracle du Cancer (23 juin- 22 juillet)
L'Oracle du Lion (23 juillet - 22 août)
L'Oracle de la Vierge (23 août - 22 septembre)
L'Oracle de la Balance (23 septembre - 22 octobre)
L'Oracle du Scorpion (23 octobre - 22 novembre)
L'Oracle du Sagittaire (23 novembre - 22 décembre)
L'Oracle du Capricorne (23 décembre - 21 janvier)
L'Oracle du Verseau (22 janvier - 20 février)
L'Oracle des Poissons (21 février - 19 mars)

Catalogue gratuit sur simple demande.

ÉDITIONS JOUVENCE
France : BP 90107 - 74161 Saint-Julien-en-Genevois Cedex
Suisse : Route de Florissant, 97 - 1206 Genève
Site Internet : www.editions-jouvence.com
E-mail : info@editions-jouvence.com

ISBN : 978-2-88953-405-0

Maquette de couverture et intérieure : Charlotte Thomas
Couverture : Éditions Jouvence
Composition : Virginie Cauchy
Illustrations : Charlotte Thomas et iStock © Alisovna

SOMMAIRE

AVANT-PROPOS

Chères lectrices et chers lecteurs,

Rien de nouveau sous le soleil nous disait l'Ecclésiaste il y a plus de 2 000 ans. Le temps passe, mais nous restons pris dans la nasse des mêmes désirs, angoisses et paradoxes. Qui suis-je ? Où vais-je ? Et pourquoi suis-je là ? Sur ces sujets, avons-nous plus de réponses aujourd'hui qu'hier ? Rien n'est moins sûr. Et ce fameux « progrès » qui nous a surtout éloignés de nous-mêmes et de notre nature (dans tous les sens du terme), n'arrange pas les choses.

Heureusement, des petits cailloux lumineux ont été semés sur la route des chercheurs. Ce sont les étoiles, les planètes, ainsi que la somme des informations collectées à leur sujet par des milliers d'individus sur des centaines de générations : nous parlons de l'astrologie, cette voie aussi vieille que le monde.

Bienvenue dans ce monde passionnant !

Nous vous souhaitons un très bon voyage parmi les étoiles et les planètes.

L. B. Satis et T. K. Yongdroup

INTRODUCTION

« J'peux pas, j'ai astro »

À l'heure où fleurit l'astrologie sur Instagram, façon *life style* ou décalée, et alors qu'elle s'invite jusque sur les robes de prêt-à-porter ou dans les rentrées astro-littéraires, une évidence tombe du ciel : l'astrologie se refait une beauté. Cela fait écho à notre besoin de sacré, et à notre recherche de sens. Mais quand il s'agit de traverser le miroir, de mettre sérieusement et sincèrement la main à la pâte, elle reste toujours aussi sibylline.

L'horoscope

Vous entendez dire que Pluton est rétrograde, que vous allez sans doute vous prendre une météorite sur le coin du nez mais qu'il faut « accompagner le mouvement »... Que la nouvelle lune approche, que c'est donc le moment de poser vos intentions tout en portant un beau bracelet mêlant obsidienne noire et améthyste... Que vous êtes Capricorne et qu'à partir de là, il est normal que vous soyez quelque peu rigide.

Effectivement, ce n'est pas exactement la vision de l'astrologie que nourrissaient Ptolémée, Newton ou Galilée, à une époque où elle n'était pas différenciée de l'astronomie. Précisément, l'astrologie comptait parmi les disciplines que tout savant se devait de connaître. Quant aux rois et reines du passé qui prenaient soin de garder auprès d'eux des astrologues de renom, ils ne se seraient pas contentés de conseils à la petite semaine pour savoir s'il fallait envahir un pays ou contracter un mariage avec telle ou telle famille.

Tout cela pour vous dire que cet art majeur a beaucoup – plus – à offrir que vous ne l'auriez peut-être imaginé... Avec de la précision en bonus !

Notre proposition

Dans cet ouvrage, nous aimerions vous faire découvrir **une dimension de l'astrologie qui vous place au rang d'acteur ou d'actrice de votre vie**. *Exit*, la position de victime de la fatalité.

Mais point de promesses douteuses, soyons clairs : ce livre ne fera pas de vous un astrologue. Plutôt un néophyte éclairé, familiarisé avec les principaux éléments de cet art millénaire. Ainsi équipé, vous serez en mesure de comprendre les éléments de base de cette science symbolique... Car tout est là : dans le symbole.

Mais qu'est-ce qu'un symbole ?

Symbole : « *Objet sensible, fait ou élément naturel évoquant, dans un groupe humain donné, par une correspondance analogique, formelle, naturelle ou culturelle, quelque chose d'absent ou d'impossible à percevoir*[1]. »

En nous vivent nos lointains ancêtres, qui étaient naturellement connectés aux mystères d'un Univers où chaque élément, arbre, pierre, vol d'oiseau, comète, éclipse, phase lunaire était indicateur de quelque chose de présent ou à venir qu'il fallait décrypter…

Progressivement, un sens fut donné à ces manifestations. Cela généra des histoires, des mythes, et des représentations sous la forme d'images synthétiques : les symboles.

Exemple : Jupiter est un personnage mythologique, symbolisé par la foudre. Si je porte sur moi une représentation de la foudre, alors, Jupiter m'accompagne et me protège.

Ces symboles, donc ces dieux, constituent justement l'alphabet du langage astrologique.

Nous ne les comprenons plus, pourtant ils nous composent, et notre thème astral en est l'illustration.

Et si, en s'appuyant sur notre quotidien, il était possible de se reconnecter à ces symboles ainsi qu'à leur potentiel ?

1. Définition tirée du Centre national de ressources textuelles et lexicales (CNRTL).

D'une pierre, deux coups. En retrouvant les clés de ce langage, nous porterons un regard renouvelé sur notre existence.

L'enjeu de ce livre

Notre but : vous aider, grâce à la compréhension de ces différents symboles, à accéder à des réalités agissantes dans votre existence, bien qu'invisibles jusque-là.

Ainsi, quand nous évoquerons les signes du Zodiaque, les aspects, les maisons et les modes, vous serez systématiquement invité à vérifier de quelle façon vous reconnaissez - ou non - cela dans votre existence.

La finalité des exercices que nous vous proposons n'est pas tant de connaître l'avenir, que de vous découvrir vous-même. À partir de là, vous en viendrez progressivement à comprendre que vous êtes la clé qui ouvre toutes les portes, et que votre place n'est pas tant dans un signe ou un autre, mais au cœur du Zodiaque. L'astrologie deviendra ainsi une aide précieuse pour faire face aux défis et choix de votre vie.

À partir du moment où nous sommes centrés, quels que puissent être les événements qui adviennent, il nous est plus facile de poser l'acte juste au moment adéquat.

Simple comme bonjour

« Quelle énergie dois-je mettre en œuvre, et dans quel secteur, pour que les choses évoluent au mieux dans ma vie ? »

C'est ni plus ni moins à cette question que l'oracle vous propose de répondre, jour après jour. Ou semaine après semaine, selon vos goûts. Pour pratiquer, il vous suffira de détacher les vingt-quatre cartes offertes dans cet ouvrage et de faire connaissance avec votre oracle.

Concrètement, *L'Oracle du Capricorne* est divisé en trois parties.

Dans la **première partie**, vous découvrirez :

1. un tableau général de votre signe ;
2. ce qu'il faut entendre par « votre signe » ;
3. les croyances dont il est bon de se libérer à son sujet.

La **deuxième partie** vous présentera les bases de l'astrologie. Vous y découvrirez notamment les relations naturelles entre votre signe et les autres signes du Zodiaque, ainsi que des exercices, **systématiquement basés sur votre expérience personnelle**, qui vous aideront à appréhender de plus en plus finement l'astrologie.

Fort de ces connaissances, vous pousserez la porte de la **troisième partie,** celle de l'oracle du Zodiaque. Cet oracle a la particularité de vous proposer une stratégie d'attitude. Il s'agit en quelque sorte d'un oracle comportemental. Chaque jour ou chaque semaine, vous demanderez à l'Univers quel type d'énergie il est bon pour vous de développer, et précisément dans quel secteur de votre vie. Progressivement, vous découvrirez peut-être que les secteurs proposés tombent souvent juste, et qu'il s'y trouvait effectivement matière à œuvrer.

Si vous en faites bon usage, cet oracle deviendra un véritable guide, un allié du quotidien.

CONSEIL

Si vous désirez tirer toute la pertinence de cet ouvrage, il est préférable de ne pas sauter la première partie et de jouer le jeu des exercices, dans l'ordre où nous vous les proposons.

Quelques mots sur les auteurs

L'astrologie et les oracles sont le quotidien de vos deux serviteurs. Nous nous sommes formés, nous pratiquons depuis des années, et nous accompagnons de nombreuses personnes. Nous avons aussi écrit quelques ouvrages sur ce sujet et sur d'autres. Cela nous a apporté des expériences variées, qui ont donné naissance à certaines réflexions, parmi lesquelles, celle-ci : dans la littérature dite « d'épanouissement personnel », l'auteur n'est clairement pas le sujet. Ce livre n'est pas le nôtre, mais le **vôtre**... Et la technique que nous allons vous enseigner, bien qu'originale par certains côtés, appartient avant tout à l'humanité. Nous ne sommes qu'un maillon dans une chaîne de traditions, et nous aspirons avant tout à **transmettre**, c'est tout. Voilà pourquoi nous avons choisi d'écrire de façon anonyme. Par réelle conviction.

Si au fil de la pratique de cet humble manuel, vous êtes traversé par la pensée que l'astrologie est un art véritable, nous en serons très heureux. Bien sûr, ce n'est que le début du voyage. Bien sûr, ce n'est que le début du voyage. Pour ceux à qui les astres parlent intimement, pourvu qu'ils fassent provision de patience et de passion, deux ingrédients miraculeux... le Zodiaque se chargera de montrer le chemin !

Première partie

♑

Le portrait du CAPRICORNE

♑

Donc, vous êtes Capricorne.

« *Un poil austère* », chuchotent les bienveillants… Louable euphémisme, quand beaucoup diraient qu'aborder un Capricorne revient à apprivoiser un ours retranché au fond de sa grotte. Le vieux bouc, légèrement amer, fuit les sans-gêne, ceux persuadés que l'« *étiquette* » désigne uniquement un bout de papier. Résolument misanthrope, campé dans son fauteuil Louis XIII, notre bourru savoure la lecture des mémoires du général de Gaulle, témoignage d'un temps où le courage n'était pas qu'un mot. Aujourd'hui le déçoit, seul l'anime l'évocation d'un passé exemplaire. Le soir venu, il ressasse à la lueur des chandelles toutes les trahisons vécues. En marmonnant en boucle ses rancœurs, ce rabat-joie termine de faire fuir ceux qui osaient encore l'aborder.

Quand enfin, il daigne s'adresser à quelqu'un, c'est sur le ton du coach sévère… Tandis qu'il accompagne son neveu asthmatique à la piscine, affligé devant ses performances de têtard dépressif, il l'encourage en mode Philippe Lucas : « L'excellence, c'est d'abord une question de volonté. » *Ce* paresseux a bien entendu été privé de tarte aux pommes… Et de Ventoline. Triste histoire. Eh oui, le Capricorne, la facilité, il n'aime pas ça. Toute voie ardue et escarpée lui semble la plus prometteuse. La discipline, le travail, les levers matinaux au son du clairon, « *y'a que ça de vrai dans la vie* », il laisse aux autres mous du Zodiaque les victoires faciles et les carrières pathétiques. Cette ligne de conduite, un tantinet rude, vous l'appliquez à tous, d'où, parmi vos proches, quelques éruptions lacrymales qui, paraît-il, vous laisseraient de glace.

Voilà le tableau classique... caricatural.
Il ne vous fait pas plus honneur qu'à l'astrologie.

CHER CAPRICORNE,

dans cet ouvrage, vous êtes invité
à descendre à l'intérieur de vous-même,
à toucher la quintessence de votre Soleil
et à découvrir ce qu'il implique.

De là émergera cette certitude : non seulement, vous n'occupez pas uniquement le rayon « béton et discipline » dans le supermarché du Zodiaque, mais vous êtes infiniment plus riche et subtil que ne le laissent paraître ces perles enfilées en un vilain collier.

Si vous le voulez bien, nous allons tout reprendre à zéro. Et **revenir aux fondamentaux**.

Le climat, la saison, et les variations de lumière sont les premières informations dans lesquelles nous pouvons puiser pour comprendre un signe.

Les anciens ont mis en relation ce qui se passait sur Terre avec ce qu'ils observaient dans le ciel au même moment. Puis, au fil du temps, ils tirèrent des règles de la récurrence de ces phénomènes.

Quand vous dites « je suis Capricorne », vous sous-entendez qu'au moment de votre naissance, entre le 23 décembre et le 21 janvier, le Soleil se trouvait positionné dans une région du ciel à laquelle les anciens attribuèrent des caractéristiques. Lesquelles ?

Le climat du Capricorne arbore la gloire et l'âpreté d'un hiver tout puissant. La végétation est réduite à son plus simple appareil, la terre dépouillée s'endort dans la stase, elle laisse affleurer ici et là les minéraux représentatifs du signe. En proie aux forces rudes et élémentaires, l'Homme agit pour sa survie, avec efficacité et gravité.

Les compteurs sont remis à zéro : uniquement l'essentiel subsiste dans l'environnement, et cet essentiel c'est la réalité.

Comme l'ensemble des signes du Zodiaque, l'intériorité du Capricorne est teintée de composantes propres à sa saison. Une sorte de climat intérieur qui vient puiser dans le climat du dehors.

Portrait de la dominante Capricorne

Dépouillement et richesse de la Terre

La Terre nue du plein hiver est la gardienne des richesses à venir, car nichées en profondeur les graines commencent à germer. Mais la Terre ne saurait offrir ses trésors si elle ne prenait avant quelque repos. Ainsi, cher Capricorne, derrière cette apparente austérité demeure en vous un trésor, autrement dit une remarquable capacité de réalisation, la plus impressionnante de tout le Zodiaque.

La montagne

Le Capricorne est l'ultime signe de Terre. Il œuvre dans le monde, fortifié par son enracinement dans la matière. Mû par sa détermination, il s'inscrit dans la construction d'une maison, la fondation d'une famille et pourquoi pas, une entreprise ou une association, car l'action sociale constitue pour lui une base. Tout s'agence autour de l'ancre qui l'arrime au sol (un enfant, un travail, un héritage). Ces repères le rassurent et soutiennent l'édifice de sa vie.

Le signe est symbolisé tant par la montagne, que par l'animal hybride qui l'ascensionne, la chèvre mythologique à queue de poisson. Cette image révèle deux composantes saillantes de votre personnalité. Comme la chèvre, le Capricorne est un grimpeur-né. Pourvu qu'il l'entreprenne avec efforts et patience, aucune cime ne résiste à cet alpiniste. Le point culminant, tant convoité, représente les plus hautes réalisations matérielles. Mais pour quelques appelés, le sommet de la montagne est bien autre chose, il s'agit d'une nouvelle conscience spirituelle, qui est là, à portée de main. C'est pourquoi on considère ce signe comme le seuil de l'initiation, symbolisé par la queue de poisson de la chèvre céleste.

En résumé, **le Capricorne est animé par l'ambition d'atteindre son but, et il mettra tout en œuvre pour parvenir à ses fins.**

Le mode cardinal

Le Capricorne est le fruit de la combinaison entre l'élément Terre et le mode cardinal. Cette alchimie fait de vous un être agissant, plein d'initiatives, animé d'une énergie engageante et motrice. Quant à votre Terre, elle est le minéral dans sa forme condensée, à tel point qu'il serait plus juste de parler de pierre. Pour résumer, cela donne l'image d'un rocher en mouvement au cœur de l'hiver… que rien ne peut arrêter !

Saturne, maîtresse du temps

Il est morne, il est taciturne,
il préside aux choses du temps,
il porte un joli nom, Saturne,
mais c'est un Dieu fort inquiétant,
il porte un joli nom, Saturne,
mais c'est un Dieu fort inquiétant.

En allant son chemin, morose,
pour se désennuyer un peu,
il joue à bousculer les roses,
le temps tue le temps comme il peut.

Saturne, Georges Brassens

Cette brillante synthèse offerte par Georges Brassens pourrait se suffire à elle-même, mais développons un peu. Saturne est votre planète tutélaire. Elle a été nommée ainsi en l'honneur du terrible père des dieux (il a essayé de dévorer ses enfants, ils l'ont précipité du haut de l'Olympe : un point partout). Cette charmante planète, sertie d'anneaux, est l'ultime visible à l'œil nu. Puisqu'elle semble garder les confins de la galaxie, les astrologues en firent la planète des frontières, et par extension la régente des limites et du temps. Avoir Saturne pour partenaire, c'est avoir le temps pour soi. En résumé, si vous pratiquiez l'athlétisme, vous seriez un coureur de fond : vous ne donnez rien dans la fulgurance, mais tout dans la diffusion d'un effort maîtrisé dans le temps. Vous êtes de ceux qui aboutissent, et ça tombe bien car vous ne manquez jamais d'objectifs. Ils jalonnent votre existence telles des balises. Chronomètre en main, vous programmez le temps nécessaire pour les atteindre discrètement, grâce à votre travail. Tout au long de votre vie, la concentration et le dévouement resteront vos mots d'ordre.

La structure

Symboliquement, Saturne est l'ossature de toute chose. Elle matérialise les limites et le temps nécessaire à l'édification des structures. Partout elle représente les fondations du vivant. Sans elles, rien ne tient debout. Prenons l'exemple d'une maison, elle ne peut pas être composée uniquement de lumière et d'espace. On ne va jamais très loin sans ériger quelques murs. Certes, ils sont physiquement une limite, mais ils sont porteurs et solides. C'est ça l'énergie de Saturne, principal carburant du Capricorne. Le signe tend donc à cristalliser autour de lui. Dans sa psychologie, cela se traduit par une propension au contrôle. Saturne fait aussi montre d'un caractère autoritaire, parfois perçu par l'entourage comme cassant et insensible.

Un profil rationnel et cartésien

En vrai stratège, vous objectivez les événements qui bousculent votre vie ou celle de vos proches, d'où votre réputation d'être doté d'une certaine froideur. En réalité, il s'agit pour vous d'apprécier les situations telles qu'elles sont, dépourvues du voile des émotions. Cette clarté d'approche vous permet d'être lucide devant les faits et de porter remède là où c'est nécessaire. Ainsi, les sentiments sont tenus à une stricte réserve. L'inconvénient, c'est que les personnes de votre entourage ne comprennent pas toujours que c'est une véritable stratégie de votre part pour les protéger... et donc les rassurer.

L'aridité vous guetterait-elle parfois ? Peut-être, mais plus encore la mélancolie, car le danger de se couper du flux de vos émotions serait d'être un jour rattrapé, au saut du lit, par une sourde tristesse qu'il vous serait bien impossible de définir. On évoque souvent le plomb pour symboliser Saturne, c'est en réalité le poids du temps avec son cortège de souvenirs et de regrets qui menace de peser sur vos épaules, tout comme les responsabilités que vous prenez à bras-le-corps.

La dépersonnalisation

Instinctivement, le Capricorne s'extrait de son environnement intime et émotionnel pour s'investir dans une action collective ou dans une fonction : homme ou femme, le Capricorne commande, dirige, entreprend. Sa réalisation, il ne s'en émeut pas, il ne la conceptualise pas, il l'accomplit, purement et simplement. Ce n'est pas un idéaliste, ni une tête brûlée, il s'avance rarement en terre inconnue.

Saturne, figure du père[2]

Le sévère Saturne investit - les hommes et les femmes marqués par ce signe - du rôle de pilier ; de matriarche ou patriarche. Tel un solide contrefort, il porte sa famille, persévère dans son couple, honore ses engagements avec intégrité. Parfois, cette droiture se heurte à la complexité humaine, dont il n'a pas toutes les clés. D'autant qu'il apprécie plus souvent les situations dans leur globalité qu'il ne prête attention aux indices. Lui qui fait tant pour les autres, découvre alors que les bonnes intentions ne suffisent pas toujours, de là peuvent survenir des déconvenues. Pourquoi, lors de moments choisis, ne pas laisser choir votre habit de tuteur pour puiser dans l'intime, écouter, et exprimer vous-même vos émotions ?

2. Tout élément est constitué d'une part masculine et féminine, active et réceptive. Saturne est précisément un archétype masculin, et même s'il concerne une femme, il évoquera sa partie masculine.

Une conversation à cœur ouvert peut être dispensatrice de nombreux bienfaits. D'autant que vous aussi avez parfois besoin d'une épaule sur laquelle prendre appui.

La maturité

Face aux désillusions, la tentation du repli peut se faire forte, un désir de solitude vous appelle, une sorte de retrait face au tumulte du monde. Le Capricorne devient alors le penseur empreint de réflexion, et se forge une philosophie de vie, nourrie par son expérience et par son intériorité. Ce n'est pas un hasard si le signe incarne la vieillesse et la mort, l'aboutissement de tout un cycle. Fort de cette sagesse, les Soleils en Capricorne puisent dans leur âme de quoi dépasser l'apparence de leur propre finitude.

Si le Capricorne était un pouvoir, quel serait-il ?

J. R. R. Tolkien est né le 3 janvier 1892. Il grandit au beau milieu des paysages bucoliques de la campagne anglaise, qui marquent à tout jamais son imagination. Plus tard, John Ronald Reuel développe une curiosité insatiable pour les langues anciennes et particulièrement la tradition norroise (langue ancienne de la Norvège). Ce qui l'exalte, c'est la Scandinavie et ses mythes, qu'il étudie fiévreusement en Lettres classiques à Oxford dès 1910. Après un épisode douloureux dans les tranchées, le voici professeur de vieil anglais dans cette noble et ancienne institution d'Oxford.

C'est depuis son bureau tout cuir et bois, qu'à 30 ans, John Ronald orchestre une des plus extraordinaires aventures littéraires du xxe siècle, celle de *la Terre du Milieu*. D'abord *Le Hobbit* (imaginé pour ses enfants), puis *Le Seigneur des anneaux*, et le *Silmarillion*, demeuré inachevé. C'est tout un monde qui fleurit de ce cerveau de Capricorne. Cet univers, il le construit, il l'articule par les épopées, les poèmes et légendes, la cartographie qu'il trace avec minutie, et les langues qu'il crée sur la base de langues anciennes bien réelles. Il travaille jusqu'à son dernier souffle, pendant près d'un demi-siècle, à cette œuvre pharaonique et ambitieuse qu'il n'en finit jamais de structurer et d'étayer. **Il ne fallait pas moins qu'un Capricorne pour charpenter une œuvre imaginaire de façon aussi spectaculaire.**

Greta Thunberg est née le 3 janvier 2003 à Stockholm. Jeune militante écologiste inscrite dans la lutte contre le réchauffement climatique, elle montre une détermination hors du commun pour faire entendre ses revendications auprès des plus hautes instances, comme devant le Parlement suédois, à seulement 15 ans. En 2019, invitée exceptionnelle au sommet pour l'Action climatique des Nations unies, elle interpelle et tance littéralement les dirigeants du monde entier pour leur inaction politique. L'image de cette jeune fille inflexible devant ce parterre de femmes et d'hommes les plus puissants du monde marque profondément les consciences. **Elle est dotée d'une énergie ferme et résolue, dont il semble que rien ne pourrait la faire plier. C'est un bel exemple de l'énergie caractéristique du Capricorne.**

Si le Capricorne était un pouvoir : **la faculté à structurer**, **l'intransigeance**, **les travaux de longue haleine** et **la fidélité**.

Même si vous vous reconnaissez dans ce portrait du Capricorne, ne cherchez pas à vous y identifier outre mesure, car comme nous allons le voir, le Soleil n'est qu'une des composantes de votre personnalité. Il ne peut en aucun cas vous résumer.

Après ce bref portrait du Capricorne, *quid* du reste ?

Donc, au moment de votre naissance, votre Soleil est dans la partie du ciel associée au Capricorne. Sauf que, au même moment, d'autres planètes circulent sous la voûte céleste, accompagnées d'autres symboles. Et sans vouloir dénigrer votre Soleil (il est à votre vie ce que le moteur est à votre voiture), **ces autres éléments sont tout aussi importants**.
La représentation de l'endroit où ces planètes se trouvent au moment de votre naissance est ce qu'on appelle **le thème astral.** C'est tout bonnement **une carte d'identité céleste**, composée d'un cercle de 360°, lui-même divisé en douze secteurs de 30°.
Ces secteurs sont les signes astrologiques, et en fonction des planètes qui les traversent, cela teinte particulièrement votre personnalité.

Un thème astral est un cercle divisé en douze signes astrologiques. Ces signes voient une dizaine de planètes les traverser. Lorsque vous naissez, ces planètes se trouvent à un endroit précis du cercle. Et c'est cela qui vous confère, selon l'astrologie, **un caractère unique**.

Concrètement, alors que votre Soleil est dans le signe du Capricorne, il est possible qu'au même moment, les autres planètes se soient donné rendez-vous en Lion.

Profitons-en pour vous les présenter succinctement :

☿ **Mercure** l'espiègle, votre façon de faire des liens, de penser ;

♀ **Vénus** la séduisante, celle qui cherche à maintenir les liens, à unir ;

♂ **Mars** le guerrier, celui qui ne vibre que par l'action ;

♃ **Jupiter**, l'instructeur bon vivant, celui qui fait croître tout processus, qui préside à vos avancées et vous aide à voir le bon côté des choses ;

♄ **Saturne**, l'exigeant maître des frontières, des limites et du temps ;

☽ **la Lune**, maîtresse de vos besoins et de vos peurs ;

♆ **Neptune**, l'idéaliste, épris d'absolu ;

♅ **Uranus**, l'explosif éveilleur des consciences ;

♇ **Pluton**, le maître des enfers (pas de panique, les enfers sont riches)…

☉ quant au **Soleil**, dont nous parlons abondamment depuis le début, il est le chef d'orchestre, la source de chaleur et de lumière à l'origine de tout le reste.

Évidemment, l'astrologie étant l'interprétation des signes célestes vus depuis la Terre, celle-ci n'est pas invitée au banquet olympien.

Alors, certes, votre Soleil est en Capricorne, mais si vos autres planètes ainsi que les caractéristiques psychiques qu'elles incarnent se trouvent en Lion, pensez-vous vraiment que vous serez tant que cela Capricorne ? Rien n'est moins certain.

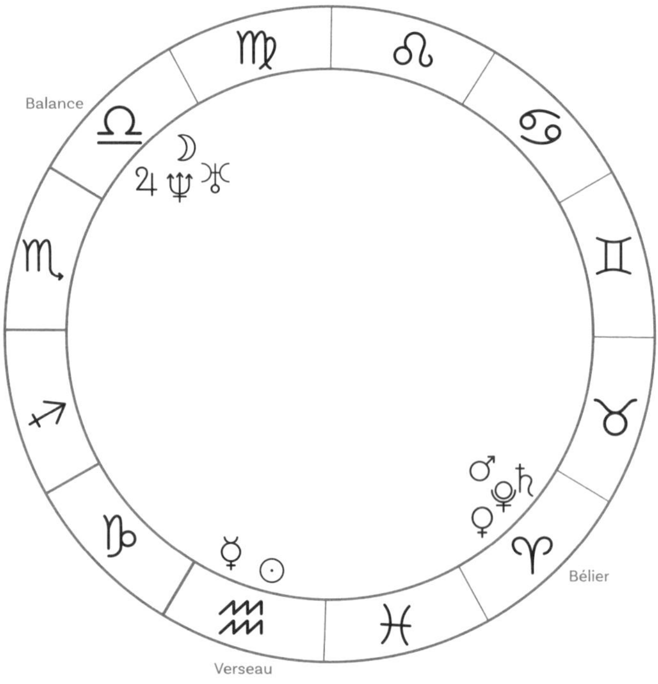

L'exemple ci-dessus vous présente une roue zodiacale. Nous pouvons nettement y observer que le Soleil en Verseau est isolé (il s'agit du petit cercle avec un point central) en compagnie de Mercure. Par ailleurs, les autres planètes du thème se trouvent amassées dans le Bélier et la Balance. Pas besoin d'être devin pour imaginer que ces rassemblements planétaires vont peser dans la balance psychique de cet individu. Alors oui, il est Verseau... Mais uniquement par son Soleil (et Mercure).

Puisque vous découvrez être davantage que votre Soleil, voici un test dont les questions vont vous permettre d'évaluer à quel point les autres signes vous influencent. Entourez en toute sincérité les qualités, adjectifs ou comportements qui vous correspondent le mieux.

Avertissement : les réponses à ce test se trouvent après la question D. S'il vous plaît, n'allez les consulter qu'une fois vos choix effectués. Le but de ce jeu n'est pas de faire un diagnostic détaillé de votre profil astrologique, mais de vous aider à intégrer les notions du chapitre en cours.

✧ QUESTION A • Au quotidien, si vous deviez vous résumer à un personnage, ce serait plutôt…

1. Un révolutionnaire
2. Un soignant
3. Un soldat
4. Un mystique
5. Un sorcier
6. Un paysan
7. Un chevalier
8. Un adolescent
9. Un père ou une mère
10. Un patron
11. Un diplomate
12. Un roi

✧ QUESTION B • Ce que vous aimez faire avant tout :

1. Réaliser
2. Harmoniser
3. Comprendre
4. Innover
5. Construire
6. Diriger
7. Guider
8. Aimer
9. Ressentir
10. Entreprendre
11. Aider
12. Enquêter

✧ QUESTION C • Si vous aviez un petit défaut (allez-y, on est entre nous !) vous vous définiriez plutôt comme :

1. Obsessionnel
2. Susceptible
3. Brutal
4. Rigide
5. Lent
6. Dispersé
7. Maniaque
8. Confus
9. Superficiel
10. Moraliste
11. Fainéant
12. Puéril

✧ QUESTION D • Votre chaton Gaspard a disparu ! Comment réagissez-vous ?

① Vous vous mettez en empathie. Si vous étiez Gaspard, où iriez-vous ? Mais au fond, si vous ne le retrouvez pas, il illuminera certainement la vie de quelqu'un d'autre.

② Vous interrogez tous les voisins de votre immeuble, quelqu'un a certainement vu Gaspard.

③ L'angoisse vous amène à imaginer les pires scénarios : en premier lieu, vous regardez dans le four et la machine à laver.

④ Pas de problème, vu la qualité de votre habitation et de sa pâtée, vous êtes persuadé que Gaspard reviendra de lui-même.

⑤ Vous ne paniquez pas et, pragmatique, vous attendez le silence de la nuit pour l'appeler.

⑥ Vous suivez étape par étape la méthode conseillée : appeler les lieux de refuge pour animaux et signaler sa disparition au cabinet de vétérinaire de votre secteur.

⑦ Vous ne pouvez pas le perdre, vous lui avez implanté une puce RFID connectée au satellite de la SPA.

⑧ Vous fondez en larmes, envahi par l'émotion. Vous percevez ce petit chat comme votre enfant, et vous tel un parent indigne.

⑨ Vous n'avez pas de chat. Vous avez un chien.

⑩ Après avoir fait une prière, vous sortez votre pendule et une carte de la zone.

⑪ Vous appelez un ami pour passer au peigne fin tout le quartier. L'union fait la force.

...

⑫ Sous le coup du stress, vous vous ruez dans la rue en beuglant son nom et en faisant tinter son bol de croquettes… quitte à l'effrayer malgré vous.

RÉSULTATS DU TEST

En fonction de vos résultats, vous pourrez mesurer dans quelle mesure vos traits de caractère sont reliés aux différents signes.

QUESTION A

① Verseau
② Vierge
③ Bélier
④ Poissons
⑤ Scorpion
⑥ Taureau
⑦ Sagittaire
⑧ Gémeaux
⑨ Cancer
⑩ Capricorne
⑪ Balance
⑫ Lion

QUESTION B

① Capricorne
② Balance
③ Gémeaux
④ Verseau
⑤ Taureau
⑥ Lion
⑦ Sagittaire
⑧ Poissons
⑨ Cancer
⑩ Bélier
⑪ Vierge
⑫ Scorpion

QUESTION C

① Scorpion
② Cancer
③ Bélier
④ Capricorne
⑤ Taureau
⑥ Gémeaux
⑦ Vierge
⑧ Poissons
⑨ Balance
⑩ Sagittaire
⑪ Lion
⑫ Verseau

✧ QUESTION D

① Poissons	⑤ Taureau	⑨ Capricorne
② Gémeaux	⑥ Vierge	⑩ Sagittaire
③ Scorpion	⑦ Verseau	⑪ Balance
④ Lion	⑧ Cancer	⑫ Bélier

À l'issue de ce test, il est possible que vous ayez uniquement sélectionné des caractéristiques de type Capricorne. Cela signifie que vous avez sans doute un grand rassemblement de planètes en Capricorne. Mais **il est fort probable que vos réponses renvoient à un panel de signes plus large. Et c'est bien normal, le Soleil n'est qu'un des éléments fondamentaux qui constituent un thème astrologique... Donc, aussi important qu'il soit, il ne peut vous résumer.**

En général, les différentes planètes de notre thème sont réparties en de nombreux secteurs du Zodiaque. Ceci nous amène à la conclusion suivante :

> Nous ne sommes pas un signe, ni même une planète, **mais le Zodiaque dans son entier**. Et chacune de ces planètes, chacun de ces signes, a des vertus à nous offrir à partir du moment où nous lui prêtons attention.

Deuxième partie

Les bases de L'ASTROLOGIE

Vous voici familiarisé avec votre signe solaire. Notez qu'à chaque fois que nous évoquerons le Capricorne, il sera sous-entendu : **votre Soleil en Capricorne**. Partons maintenant à la découverte des autres signes, qui sont peut-être tout aussi importants pour vous. Pour ce faire, convoquons votre expérience plutôt qu'une froide théorie.

Commençons par le commencement. La roue zodiacale est un cercle où, selon un rythme invariable, se trouvent disposés les douze signes du Zodiaque. Cette division remonte à Ptolémée, qui vécut au IIe siècle après J.-C.

Elle est accompagnée **d'un tableau que vous connaissez sans doute** : on le retrouve associé à chaque horoscope dans les magazines. Il répertorie les dates correspondantes aux douze signes du Zodiaque. Par là, il faut comprendre que ces dates indiquent la période pendant laquelle le Soleil traverse un signe. Et si ce tableau commence le 20 mars, avec le Bélier, c'est tout simplement parce que, dans l'Antiquité, la nouvelle année débutait au moment de l'équinoxe de printemps, donc quand tout bourgeonnait sur Terre, tandis que le Soleil était dans le quartier du ciel, attribué au Bélier.

Signe	Période où le Soleil demeure dans le signe
♈ **Bélier**	20 mars - 20 avril
♉ **Taureau**	21 avril - 21 mai
♊ **Gémeaux**	22 mai - 22 juin
♋ **Cancer**	23 juin - 22 juillet
♌ **Lion**	23 juillet - 22 août
♍ **Vierge**	23 août - 22 septembre
♎ **Balance**	23 septembre - 22 octobre
♏ **Scorpion**	23 octobre - 22 novembre
♐ **Sagittaire**	23 novembre - 22 décembre
♑ **Capricorne**	23 décembre - 21 janvier
♒ **Verseau**	22 janvier - 20 février
♓ **Poissons**	21 février - 19 mars

Pour les personnes nées un jour de jonction entre un signe et le suivant, il est nécessaire de connaître l'heure et l'année de naissance, afin de déterminer avec certitude dans quel signe astrologique se trouve le Soleil.

Exercice 1 : photo de famille

Passons à la pratique. Il est temps de solliciter votre mémoire, et de **placer dans votre roue zodiacale le Soleil des personnes qui ont compté pour vous.** Mère, père, frères et sœurs, amis, professeurs, amants, adversaires, etc.

Par exemple :

Si Papa est né le 16 décembre, vous regardez dans le tableau, et voyez que son Soleil est en Sagittaire : vous irez donc mettre un P (ou autre, selon ce qui vous convient) à côté du signe du Sagittaire. Idem pour Maman qui a son Soleil en Scorpion, car elle est née le 23 octobre, etc.

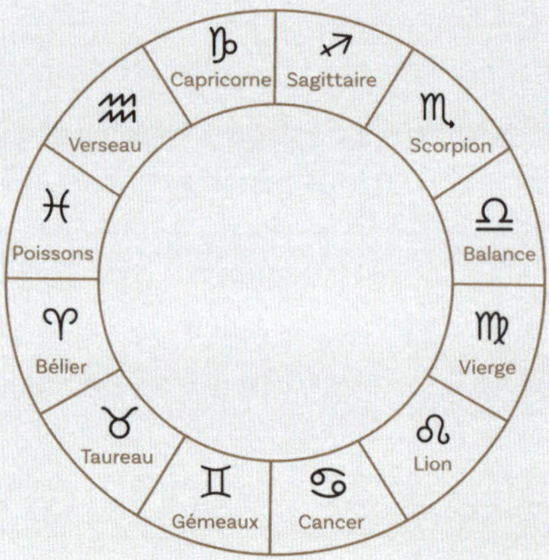

Pour plus de confort, la roue est téléchargeable en grand format ici : https://editions-jouvence.com/roue-zodiacale

Le premier intérêt de cet exercice est d'avoir spontanément sous les yeux la somme des personnes qui ont participé à vous façonner tel que vous êtes actuellement. Si d'aventure s'élève un sentiment de gratitude, il n'y a aucune raison de le réprimer. Au contraire, il est bon de l'accueillir et de se recueillir en son sein. Il est un excellent antidote au sentiment de solitude, ou d'abandon, qui peut parfois nous saisir.

Exercice 2 : dénominateurs communs

Une fois cela fait, essayez de réfléchir aux points communs entre les personnes qui se trouvent dans le même signe. Prenez votre temps... peu importe si ce n'est pas tout à fait objectif, **ce qui compte, c'est votre perception.**

Réfléchissez à ce que toutes ces personnes de même signe solaire vous ont apporté.

Par exemple :

Peut-être que votre père, votre frère et votre premier amour ont tous trois le Soleil en Gémeaux. Inutile de partir dans des analyses stériles de type : « Oh mon Dieu, je cherche à retrouver mon père à travers mes amours, tout cela est incestueux, vite, mon psy »... Surtout pas !

•••

•••

Nous vous invitons seulement à identifier le dénominateur commun entre ces trois personnes. Par exemple, la jovialité, ou la curiosité, etc.

Ne négligez pas ce travail, il est très important pour comprendre comment s'est tissé votre rapport au monde et à vous-même. C'est un outil passionnant pour prendre conscience de la qualité de nos liens.

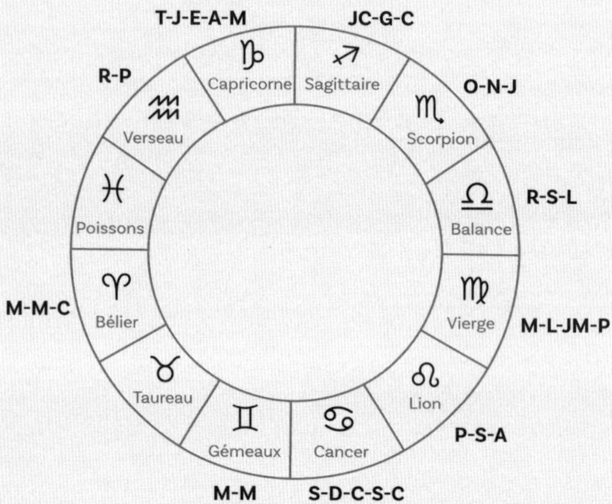

Dans ce thème d'exemple, (celui d'un des deux auteurs de ce livre), nous constatons de nombreuses présences en Cancer et Capricorne. Arrêtons-nous d'abord sur les points du Capricorne. Bien que ces personnes aient eu des rôles aussi contrastés qu'oncle radin, ami colérique, premier amour, collègue informaticien, etc., en y réfléchissant bien, ces individus lui ont tous fait découvrir quelque chose de très concret, par la pratique et parfois de façon aride. S'il devait en retirer une maxime, ce serait sans doute : « C'est en forgeant qu'on devient forgeron. »

Exercice 3 : un regard neuf sur vos relations

Identifiez maintenant les traits de caractère que vous activez en présence des personnes de votre entourage zodiacal. Essayez de visualiser la facette de votre personnalité qui se manifeste à leur contact et notez-la. **Vous pourrez ensuite synthétiser ce qui définit votre relation à l'aide de mots-clés (entraide, confort, tensions, etc.).** Nous vous laissons un peu d'espace pour cela ci-dessous.

....

....

....

....

Retournons au thème de l'auteur. S'il prend le secteur du Cancer, après réflexion sur son expérience, il en retirera deux mots : **colère** et **créativité**. Et si nous l'interrogeons ...

...

sur les Gémeaux, à l'opposé de son signe, les mots qui lui viendront seront : **tendresse** et **étonnement**. Étonnement, car il reste souvent ébahi devant la façon de penser de ces êtres. Certaines de ces relations seront peut-être **tendues**, ce qui n'est pas forcément négatif. Car **souvent, la tension se révèle dynamique, source d'avancée.** D'autres seront plutôt **aidantes, comme une alliance, un soutien.**

Nous ne pouvons que vous conseiller de porter votre attention sur votre roue afin de regarder différemment vos relations.

Vient alors le moment de découvrir une nouvelle notion : **les aspects.** Derrière ce terme se cache quelque chose de très pragmatique.

Les aspects

Ce sont les **angles produits par la disposition des signes et des planètes sur le cercle zodiacal.** Dans cet ouvrage, la logique des aspects s'appliquera uniquement aux Soleils en signes. Pour les astrologues qui nous liraient, pour chaque signe, nous utilisons en repère le point médian de chaque signe, soit le 15e degré. Ainsi, du Capricorne au Verseau, nous trouvons 30°, du Capricorne aux Poissons, 60°, etc.

Les aspects se résument en six principaux.

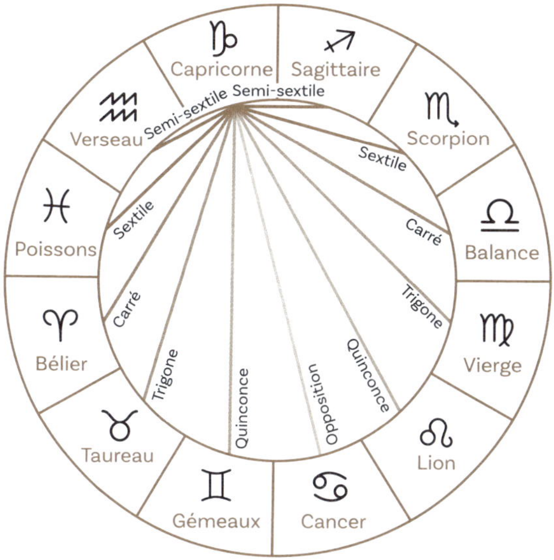

Il y a d'abord les aspects d'aide, dits **harmoniques**.

Trigone

Cet aspect présente un angle de 120°. Il est particulièrement intéressant car il relie les signes de même élément. Ainsi, si on part du Capricorne, signe de Terre, et que l'on cherche les deux trigones que l'on peut lui associer, nous aboutissons au Taureau et à la Vierge, les deux autres signes de Terre du Zodiaque. Les Terres se renforcent, elles se nourrissent et s'enrichissent. Ainsi, **le trigone crée une entente propre à l'intimité bienveillante, c'est un aspect de détente.**

Sextile

Dans cette configuration, les signes font un angle de 60°. Ils sont **facilitateurs l'un pour l'autre**. Cet aspect est enclin à la **coopération** et au **confort**, davantage qu'au changement et à la progression.

Semi-sextile

Ce sont vos voisins directs, ils se situent à 30° de votre signe solaire. Ils **entourent le signe où se trouve votre Soleil** tels des amis qui marchent à vos côtés. Vous ne pourrez pas forcément leur demander de l'objectivité, vu qu'ils regardent, à peu de chose près, dans la même direction que vous, mais il y a une précieuse affinité entre vous. Soit ils pondèrent votre énergie solaire, soit ils poussent celle-ci à approfondir son expression. Vous découvrirez tout cela dans le détail au fil des propositions de l'oracle.

Viennent ensuite les **aspects plus tendus, dits « dissonants »**. Ne prenez pas trop ce qualificatif à la lettre, car ils sont souvent **les principaux moteurs du changement**.

Carré

Entre le Capricorne et le Bélier, et le Capricorne et la Balance, il y a **90°, soit un angle droit**. C'est **carré**, dynamique, potentiellement source de tensions. Mais la tension est ce que l'on en fait. Sans tension, la flèche ne sera pas décochée. **Sans émulation, les points de vue stagneront.** Cherchez un peu, nous sommes certains que vous **trouverez des configurations** dans la vie où la tension est aussi productive que nécessaire...

Opposition : l'axe Capricorne-Cancer

Face au Capricorne, se trouve le Cancer. Il s'agit d'un angle à 180°. C'est une droite, donc une **dynamique frontale à l'image de deux personnes face à face, chacune à un bout de la table.** Des adversaires adopteraient cette configuration pour entamer la discussion. Cependant, elle peut prendre d'autres formes : **l'opposition est parfois si grande que l'on s'ignore, ou que la rencontre ne se fait pas, tout simplement.** Ce dernier point vaut bien une explication.

Cet aspect est majeur dans la constitution de votre personnalité. En effet, **les éléments du thème se construisent *via* l'opposition.** De même que l'enfant passe par la phase du « non », pour se définir, **nos Soleils œuvrent de la même façon**. Dans un premier temps, un individu avec un Soleil en Capricorne ressentira le besoin de rejeter les valeurs Cancer pour asseoir sa nature. Tout ce qui sera de l'ordre de la douceur, du poétique, sera perçu comme ennemi du dépassement de soi et du contrôle. Et c'est normal… Sauf qu'une fois assimilée sa partie Capricorne, le natif devra **s'ouvrir à l'opposition afin de l'intégrer**. Même né Capricorne, on ne peut uniquement se nourrir de règles et de volonté, et on finira par comprendre qu'au-delà du Faire, il y a l'Être, jamais aussi authentique que dans sa vulnérabilité. Ainsi, il n'est pas rare que le bourreau de travail ajoute à sa panoplie celle du rêveur créatif… Ce n'est pas une trahison vis-à-vis de soi-même, mais la marque que l'être avance et mature pleinement.

Peut-être avez-vous identifié une opposition dans votre roue zodiacale complétée des Soleils de votre entourage. Possiblement, cela correspond à une relation qui s'est d'abord avérée conflictuelle, et qui, avec le temps, s'est positivement affinée. Ces gens perçus comme rigides sont maintenant de solides partenaires.

Quinconce

Les signes se trouvent à 150° l'un de l'autre. Cet aspect est empreint d'une certaine tension. Néanmoins, les signes peuvent se rendre service, être moteurs pour « corriger » l'autre, au sens propre comme figuré. Ce n'est pas confortable, mais cela peut être fort utile, voire très enrichissant. Le type de relation qui vous fatigue mais à laquelle vous ne renonceriez pas si vous en aviez la possibilité.

Puis, hors catégorie, et non spécifiée sur le schéma, il y a la :

Conjonction

Dans ce cas, les Soleils sont dans le même signe (donc ici, vous vous trouvez en présence d'une personne de signe Capricorne), tout près l'un de l'autre[3]. Pour faire simple, nous dirons qu'ils sont **en fusion**. Retenez que les signes et/ou planètes en conjonction travaillent de concert, c'est une sorte d'**alchimie énergétique**. Une précision tout de

3. **La conjonction est cependant avant tout un aspect entre planètes de 10° d'écart au maximum. Ce n'est pas le propos de notre ouvrage, nous ne nous étendrons donc pas davantage sur ce sujet.**

même : parfois, cette configuration peut très mal évoluer. En effet, au début, ce sont les ressemblances qui nous attirent (*Oh, toi aussi tu aimes manger les pizzas à l'ananas…*) et avec la conjonction, les points communs ne manqueront pas. Mais sur le long terme, ce qui nous rapprochait, *via* un effet miroir, pourra nous irriter au point de nous éloigner.

Nous avons fait le tour des principaux aspects. Encore une fois, il peut être intéressant de replonger dans votre roue astrologique, et d'observer les différents aspects créés entre votre Soleil et celui de vos proches. Mais prenez aussi quelques instants pour regarder les relations entre les personnes de votre entourage qui se connaissent… Certaines attitudes peuvent devenir très parlantes. Parfois, on pense qu'il y a un gros problème, alors qu'il fallait juste éviter de mettre le chien avec le chat.

Mais les angles ne sont pas l'unique critère pour qualifier une relation entre votre signe et les autres.

Avant de nous lancer dans la pratique de l'oracle, il reste quelques points d'importance à découvrir.

Les éléments

Ils sont au nombre de quatre, et ont chacun trois signes sous leur responsabilité.

C'est une porte d'entrée souvent négligée, ou tout du moins, survolée. Pourtant, elle est facile d'accès et permet d'appréhender les choses à partir du ressenti.

Dans un premier temps, si vous vous sentez noyé dans la masse d'informations relative aux douze signes, n'hésitez pas à vous cantonner aux éléments, ils ne vous décevront pas.

Réfléchissons quelques instants à ce que nous apporte chacun d'eux.

La Terre

Commençons par la Terre. Car c'est elle qui nous supporte. On lui attribue le froid et le sec. Nous en déduirons de la solidité, de l'endurance, une vision du temps à très long terme et un pragmatisme misant sur le concret, le tangible, la pierre. La Terre est patiente, sait encaisser les coups, et renouvelle continuellement le monde. Le **Taureau**, la **Vierge** et le **Capricorne** appartiennent à la **Terre**... Des signes tournés vers les réalisations concrètes. Le défi de ces signes est de se hisser au-delà de leurs préoccupations matérielles et immédiates. L'emprise du désir de conservation peut leur jouer de vilains tours, les amenant à des postures quelque peu sèches et à un repli amer. Qu'ils misent sur la générosité inhérente à leur nature ! La Terre n'est pas avare, car son talent premier est d'**engendrer sans fin**.

Mots-clés : matérialisation ◊ patience ◊ générosité

L'Eau

Vient ensuite l'Eau. Fluide, multiforme, épousant avec aisance la forme des objets qui la contiennent, elle peut représenter une **forte capacité empathique**. Recherchant humblement et systématiquement le point le plus bas, elle va puiser les informations dans les profondeurs, ce qui peut engendrer parfois une tendance à la mélancolie. L'Eau, en plus d'être indestructible, alimente le vivant. Le **Cancer**, le **Scorpion** et les **Poissons** appartiennent à l'**Eau**.

Les anciens lui attribuent l'humide et le froid. Globalement, nous sommes ici dans le règne de l'émotion, de l'onirisme et la subjectivité. La fibre artistique est évidemment présente. Encore quelques détails la concernant : à l'état calme, l'Eau permet à toutes choses de s'y refléter. C'est pourquoi les Tibétains l'associent à la sagesse dite « semblable au miroir ». Mais quand elle est agitée, elle devient raz-de-marée, tsunami… Et c'est alors l'émotion de la colère qui prédomine.

Mots-clés : adaptation ◊ empathie ◊ imagination

Le Feu

La sagesse bouddhiste attribue au Feu **l'énergie du désir**. Il chauffe, il réchauffe. Par sa lumière, il attire, jusqu'au moment où il embrasse et embrase. À son paroxysme, le désir devient intuition... Mais rares sont ceux qui savent canaliser cette vive énergie au point de l'amener jusqu'à ce niveau. Le Feu est chaud et sec. Par son action, tout se transforme. Le métal fond, le bois se consume, et l'eau bout. Il est un agent actif de transformation et la dynamique de ses flammes indique la direction : vers le haut. Maîtrisé, il est la bougie qui éclaire la nuit, le phare qui guide les voyageurs... Débridé, il est la passion dévorante, calcinant tout sur son passage. Suivre son désir coûte que coûte est aussi une excellente façon d'arriver à s'épanouir... Saint Augustin ne disait-il pas : « La débauche est le plus court chemin jusqu'à la sainteté ? »

Le **Bélier**, le **Lion** et le **Sagittaire** appartiennent au **Feu**.

Mots-clés : passion ◊ action ◊ transformation

L'Air

Invisible, intangible et pourtant omniprésent, l'Air incarne la capacité à **relier toutes choses entre elles, avec légèreté**, sans contrainte ni engagement. Dans la société humaine, il prend la forme de la communication. À l'inverse de l'Eau, l'Air ne recherche pas la profondeur, mais la hauteur. En ressort un détachement naturel ainsi qu'une vision large des situations. Les détails et les affects ne sont pas son problème. La question principale de cet élément est surtout la mise en relation, la découverte, et la réflexion… au risque que les idées en restent indéfiniment à l'état de projet. Car l'Air se matérialise aussi à travers le mental, une puissante source de créativité qui peut tourner à la réflexion stérile quand il n'est pas canalisé. Les **Gémeaux**, la **Balance** et le **Verseau** appartiennent à l'**Air**.

Mots-clés : communication ◊ hauteur ◊ détachement

Exercice 4 : quels éléments vous environnent ?

Votre Soleil, en signe de Terre, est-il entouré majoritairement de Feu, d'Eau, de Terre ou d'Air ?

Toujours selon le même procédé, en retournant étudier votre roue zodiacale p. 42, vous pourrez observer dans quelle mesure ces qualités sont présentes parmi les Soleils de vos proches.

Après avoir fait la somme de chacun des éléments de votre roue…

Terre	
Air	
Eau	
Feu	

... prenez le temps de vous imprégner de cette découverte, notez vos ressentis vis-à-vis de ces résultats, puis tirez les conclusions de cette expérience.

Dans le cas où il y aurait prédominance du Feu, il ne faudrait cependant pas y voir trop vite une forme d'opposition « chien/chat », car le Feu peut aussi venir réchauffer et égayer votre aquarium... Et si c'est la Terre qui se manifeste en majorité, peut-être n'est-elle pas tant là pour vous absorber que pour vous canaliser. Quant à la présence appuyée des signes d'Air, correspond-elle à des individus qui soulignent avec insistance votre sentimentalité ou qui, au contraire, vous invitent à prendre de la hauteur ? La présence d'un élément est souvent là pour nous indiquer quelque chose à développer. Et même si cela nous tire hors de notre zone de confort, c'est heureux car il serait dommage de s'enfermer dans ce que l'on pense être, quand, ultimement, il est question de devenir « Tout ».

...

...

Par exemple, si l'on se base sur le thème de l'un des auteurs, une classification de l'importance des éléments dans le thème peut être faite à travers le nombre d'individus recensés pour chacun. (Chaque personne est représentée par l'initiale de son prénom.)

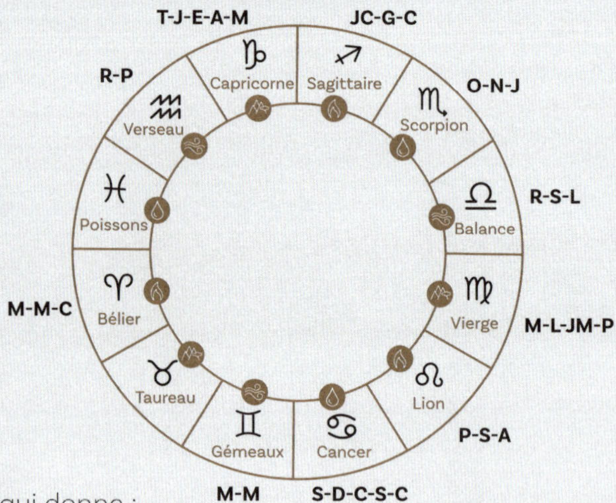

Ce qui donne :

	Terre	9
	Air	7
	Eau	8
	Feu	9

Dans ce cas de figure, nous pouvons constater que la répartition est relativement homogène. Ainsi, l'individu a puisé dans la totalité des quatre éléments pour se construire. Mais dans d'autres cas, et peut-être le vôtre, vous remarquerez la prédominance d'un élément par rapport aux autres. Cela vaudra le coup de réfléchir à deux fois à ce que vous ont apporté les personnes dont le Soleil était dans cet élément. Vous constaterez aussi que selon les périodes de la vie, tendances et besoins changent. À partir de là, l'environnement se modifie, et nous voyons apparaître de nouveaux éléments dans notre paysage.

Dans la roue zodiacale, l'opposé du Feu n'est pas l'Eau, mais l'Air. Cela est important à considérer, car dans l'imaginaire, l'opposé annule, ou combat. Or dans ce cas, et vous le savez si vous avez déjà dû allumer un feu, plus celui-ci a d'oxygène, plus il prend aisément son essor.

De même, le couple d'opposés Terre-Eau n'est pas conflictuel. L'Eau vient humidifier et donc nourrir la Terre, tandis que la Terre canalise l'Eau.

Bien sûr, un grand vent pourra éteindre une petite flamme, et trop d'eau inondera les cultures, mais dans l'ensemble, les éléments opposés se nourrissent et travaillent ensemble.

Ainsi, il peut être intéressant d'observer la roue zodiacale de votre entourage sous cet angle.

Quand vous verrez apparaître l'un de ces éléments dans votre tirage, appuyez-vous sur ses qualités naturelles. À ce moment-là, plus qu'un atout, il sera l'expression d'**un pouvoir à activer** : chaleur pour le Feu, fluidité pour l'Eau, solidité pour la Terre, et légèreté pour l'Air.

Il nous reste deux notions à aborder, et nous serons parés pour aborder l'oracle dans les meilleures conditions.

Les modes

Ils sont au nombre de trois et caractérisent chaque signe du Zodiaque.

Ces trois modes se suivent, et toujours dans cet ordre : Cardinal, Fixe, Mutable.

- Les **signes cardinaux** sont ceux qui débutent une saison (Bélier, Cancer, Balance et Capricorne).
- Les **signes fixes** se trouvent au milieu d'une saison (Taureau, Lion, Scorpion et Verseau).
- Les **signes mutables** terminent une saison (Gémeaux, Vierge, Sagittaire et Poissons).

Ainsi, chaque saison est découpée en trois parties égales où l'**on commence quelque chose (Cardinal), on le perfectionne (Fixe) jusqu'à le transformer (Mutable).** Ce qui amène à l'aube d'un nouveau commencement, prenant la forme du signe cardinal ouvrant la saison suivante.

Cardinal (C)

Commençons par **le mode Cardinal**, qui **concerne les signes des équinoxes et des solstices.** Nous retrouvons donc **le Bélier, le Cancer, la Balance et le Capricorne**. Ces signes ont en commun le désir d'activer, de commencer, d'initier, chacun dans leurs domaines respectifs et avec les nuances que proposent les éléments que nous avons vus plus haut. Ainsi, un désir d'activation de type Bélier-Feu sera en apparence plus dynamique qu'un désir de commencement Cancer-Eau. Mais ne nous y trompons pas, bien que ce ne soit pas dans le même domaine, c'est du même élan dont il sera question. Retenez surtout que ces quatre signes sont **générateurs d'idées, de projets, d'énergie.**

Fixe (F)

Vient ensuite **le mode Fixe** qui constitue **le Taureau, le Lion, le Scorpion et le Verseau**. En comparaison avec les signes cardinaux, ceux-là semblent apathiques, lents, hésitants. C'est surtout qu'ils sont occupés à se concentrer sur leur tâche, plutôt qu'en recherche du projet suivant. Ils cherchent à faire aboutir les idées, les projets, parfois jusqu'à l'obsession, et rechignent à débuter quelque chose de nouveau tant que la mission en cours n'a pas abouti. Il en ressort un certain conservatisme, et un potentiel attachement excessif à l'objet de leur attention. Qu'il soit objet ou individu. Ils sont toujours à la suite des signes cardinaux, et leur fonction est de sublimer-densifier l'énergie du signe précédent. Par exemple, le Taureau (Fixe) vient capter l'énergie débordante du Bélier (Cardinal) pour la stabiliser.

Mutable (M)

En présence des signes du mode Mutable, composant **les Gémeaux, la Vierge, le Sagittaire et les Poissons**, le mot-clé est **transformation**... ou évolution. L'immobilisme du mode Fixe leur est insupportable, et leur capacité à projeter le futur peut donner à leur entourage la désagréable impression qu'ils ont deux coups d'avance... en plus d'être arrogants ! Qu'il est dur d'être en avance sur son temps. Heureusement, ces tornades seront pondérées par la présence des modes Fixes, qui ne manqueront pas de croiser leur chemin.

Qu'il est bon de comprendre ce rythme naturel au point de se laisser porter par lui.

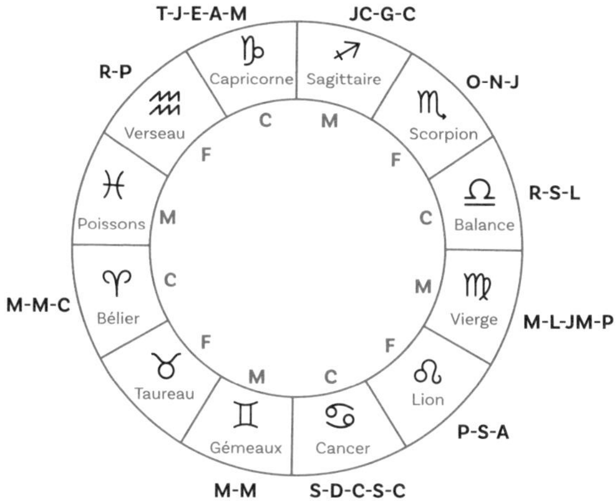

À nouveau, dans votre thème, vous pouvez comptabiliser la répartition des trois modes et en tirer les conclusions qui s'imposent.

Pour le thème de l'un des auteurs, il s'agit de :

C	16
F	8
M	9

Dans le thème d'exemple, nous voyons que les signes fixes (8) sont en retrait et que les signes cardinaux caracolent en tête (16). Nous pouvons en conclure que cette personne recherche majoritairement des individus capables de lui mettre le pied à l'étrier. Rien d'étonnant, son propriétaire n'aime rien tant que commencer ou transformer des choses… Dans l'autre sens, le détenteur de ce thème peut paraître instable aux yeux de ces forces tranquilles que sont les signes fixes.

Les maisons

Enfin, la dernière notion phare de l'astrologie : les maisons.

Le Zodiaque n'est pas seulement divisé en 12 signes, il l'est aussi en 12 secteurs, appelés « maisons ». Ces secteurs décrivent des domaines spécifiques de nos vies et aident à travailler l'ancrage. Le fameux « ici et maintenant » s'incarne de façon privilégiée à travers les détails et les événements du quotidien pointés par le système des maisons. En leur prêtant attention, nous aiguisons notre esprit, qui sera amené à porter le regard là où se trouve la nécessité. Les maisons, précieuses alliées, ne vous décevront pas.

Voici un premier aperçu des douze maisons, associées aux secteurs de vie qu'elles gouvernent, vous les retrouverez détaillées dans l'oracle.

MAISON	Mots-clés
Maison I	Personnalité, apparence (**ascendant**)
Maison II	Biens, physique, finances
Maison III	Frères et sœurs, études concrètes, élèves
Maison IV	Foyer, intimité
Maison V	Cœur, enfants, créativité, plaisirs, jeux
Maison VI	Quotidien, santé, travail
Maison VII	Partenaires, contrats, les autres (alliés ou adversaires)
Maison VIII	Inconscient, héritages, pulsion de vie, pulsion de mort, l'occulte
Maison IX	Philosophie, études abstraites, voyages, enseignant
Maison X	Carrière, vocation, vie publique
Maison XI	Amis, projets, collectifs
Maison XII	Épreuves, secrets, gestation, expériences mystiques

EN RÉSUMÉ

Il y a donc des signes, des planètes, des angles entre elles, des éléments, des modes, des maisons et des qualités à acquérir… Il est l'heure de mettre en pratique tout cela !

Troisième partie

L'Oracle du ZODIAQUE adapté pour vous, ami Capricorne

MATÉRIEL NÉCESSAIRE

- Vos 24 cartes.
- Le journal de tirage présent en fin d'ouvrage.
- De quoi écrire (stylo...).
- Ce livre.

Présentation

Vous avez entre les mains un **oracle comportemental**, adapté à votre signe solaire. Cet outil repose sur deux variables :

1. **le secteur de votre vie auquel vous devez prêter attention**, déterminé par une carte « Maison ». Soit douze possibilités ; par exemple : Maison II (vos biens), Maison VI (le travail) ou Maison XI (les amis) ;
2. **le type d'énergie à déployer**, déterminé par une des douze cartes « signes du Zodiaque ». Soit douze possibilités ; par exemple : Bélier, Gémeaux ou Capricorne.

L'oracle propose ensuite une association de ces deux éléments, ce qui donne 144 possibilités. Donc **144 conseils** (12 x 12) qui seront autant de pistes concrètes pour enrichir vos qualités naturelles et faire évoluer votre quotidien au mieux.

À partir de là, il sera bon de mobiliser votre attention afin de comprendre **pourquoi** l'oracle met l'accent sur tel secteur de votre vie ; par exemple : Maison VII (votre partenaire actuel).

Une fois cela fait, vous n'aurez plus qu'à mettre en œuvre la stratégie d'attitude proposée par le signe Zodiacal que vous avez sélectionné.

Concernant la durée de validité de votre tirage, vous pourrez à loisir interroger l'oracle pour une journée, ou pour une période plus longue. Mais nous vous conseillons vivement de définir « intérieurement » cette période avec précision.

Dans un premier temps, nous vous conseillons d'utiliser l'oracle uniquement de cette façon, en posant deux simples questions : **« Quel secteur de ma vie va être particulièrement activé aujourd'hui ? »** et **« Quelle énergie dois-je mettre en œuvre dans ce secteur pour que ma journée se déroule au mieux ? »**

Puis, lorsque vous serez familiarisé avec votre oracle, vous pourrez prendre plus de liberté et lui poser des questions plus précises (par exemple, l'interroger pour savoir quelle attitude vous devriez adopter pour mener à bien tel projet). Une liste de questions vous est proposée en page 124 pour vous guider si vous êtes en manque d'inspiration.

Un dernier conseil : prenez le temps de faire connaissance avec votre oracle. Apprivoisez-vous mutuellement. Au fil de votre utilisation, une réelle connivence s'installera et cet outil deviendra un véritable compagnon de route.

Mode d'emploi

1. Tout d'abord, posez-vous intérieurement cette question simple : « **Quel secteur de ma vie va être particulièrement activé aujourd'hui ?** »

2. Mélangez vos cartes « maisons », placez-les face contre table, puis choisissez-en une.

3. Consultez le résultat de ce premier tirage et notez-le (dans votre journal de tirage en fin d'ouvrage).

4. Posez ensuite la question : « **Quelle énergie dois-je mettre en œuvre dans ce secteur pour que ma journée se déroule au mieux ?** »

5. Mélangez vos cartes « Signes astrologiques », placez-les face contre table, puis choisissez-en une.

6. Consultez le résultat de ce second tirage et notez-le également.

7 À partir de là, il vous faudra être attentif aux ambiances et événements qui surviendront, et quand vous reconnaîtrez la « maison », alors il vous faudra trouver le moyen de mettre en œuvre ce que propose le « Signe » que vous avez tiré.

8 En fin de journée, notez vos impressions et ce que vous aurez observé.

Parfois, cela se jouera sur des détails, et ce n'est qu'à la fin de la journée que vous vous direz : « Bon sang, mais c'est bien sûr, c'était ça ! » Il faut accepter ce côté ludique, et accepter aussi de ne pas tout voir du premier coup. Votre esprit doit se familiariser avec cette façon de voir le monde, et comme dans tout ce qui est du domaine de l'esprit, il ne faut rien forcer.

Quelques fois, au contraire, le conseil sera évident, tel du bon sens.

Un exemple : Gémeaux en maison XI = appeler (Gémeaux) des amis (maison XI). Inutile de chercher midi à quatorze heures : vous recevrez sûrement des appels, même si rien ne vous empêche de prendre des nouvelles de votre côté.

Il y aura aussi des journées moins mouvementées, c'est comme ça. Avec la maison VI par exemple, les événements pourront juste prendre l'apparence d'un peu de ménage ou de sport.

D'autres fois, vous reconnaîtrez les ambiances décrites par la « maison » et le « Signe », mais il n'y aura pas grand-chose à faire, si ce n'est constater. Cela peut par exemple arriver avec les Poissons, là où justement, ce qu'il y a à voir, c'est qu'il est difficile de percevoir la situation telle qu'elle est.

Dans tous les cas, il y a fort à parier que **l'oracle vous surprendra plus d'une fois dans sa capacité à détecter le secteur de votre vie où quelque chose se passe, ainsi que dans la pertinence de la stratégie qu'il vous proposera de mettre en œuvre**.

INTERPRÉTATION DE L'ORACLE

Première étape :

LES MAISONS ASTROLOGIQUES

Dans un premier temps, il vous faut aller chercher les informations relatives à la carte « maison » que vous sélectionnez, dans un des douze paragraphes qui suivent.

UN POINT SUR L'ASCENDANT

L'ascendant est la seconde clé de compréhension du thème astral, juste après le Soleil. Il décrit notre manière de nous comporter en société. En conséquence, il est aussi le biais par lequel les autres nous perçoivent. On décèlera l'ascendant, tant au travers de l'attitude adoptée, que dans l'apparence physique de la personne.

Il vient aussi souligner les valeurs que le natif sera amené à intégrer tout au long de sa vie. Elles enrichiront sa personnalité et l'aideront à mûrir. Par exemple, un ascendant Bélier sera invité à construire sa personnalité, et à faire ses propres choix, en toute autonomie. Tandis qu'un ascendant Balance assimilera un jour ou l'autre la nécessité de prendre en compte l'autre, voire de faire équipe avec lui.

Sens des maisons astrologiques

MAISON I

Si cette maison intervient dans votre tirage, le message est clair : il faut vous occuper de vous et prêter attention aux choses nouvelles qui pourraient vous être proposées.

Ce secteur est aussi appelé la maison de **l'ascendant**. Sa célébrité vient du fait qu'il représente - entre autres - la personnalité.

Mots-clés : la personnalité ◊ la tête ◊ l'entrée de la demeure ◊ le désir et la confiance en soi ◊ le Moi ◊ l'apparence physique ◊ la volonté ◊ l'initiative

MAISON II

Ici, on cherche à se sécuriser par tous les moyens à notre disposition. Tout ce qui pourra nous confirmer que ce monde est tangible, soit par l'usage de nos sens soit par le contrôle de nos biens et finances est relatif à cette maison. Si elle est sélectionnée, portez votre attention vers des problématiques concrètes, c'est par là que ça se passe.

Mots-clés : la sécurité matérielle ◊ le cou et la gorge ◊ les finances ◊ le concret ◊ la cuisine ◊ la voix ◊ la sensualité ◊ les sens

MAISON III

Dans ce secteur, nous sommes un étudiant qui approfondit plusieurs matières en une journée. Nous recherchons la diversité, la communication et tout ce qui peut nous mettre en lien avec notre environnement direct. Quand cette maison est présente, il est courant de recevoir des messages, courriers, et de se déplacer plus qu'à l'accoutumée.

Mots-clés : les proches ✧ les voisins ✧ la fratrie ✧ les études concrètes ✧ les facultés intellectuelles ✧ les bras et les mains ✧ les écrits, les livres et la communication ✧ les petits déplacements ✧ la bibliothèque ✧ le commerce ✧ les ordinateurs et téléphones

MAISON IV

Qu'elles soient extérieures ou intérieures, dans cette maison, nos racines sont sollicitées. Le plus souvent, cela prend la forme d'un temps de repli, dans notre cocon ou un lieu qui évoque pour nous le confort et l'intime. Une certaine forme de bien-être doit être recherchée afin que puisse se déployer notre inspiration. Attention toutefois, le retour au bercail n'est pas toujours de tout repos.

Mots-clés : les racines ancestrales ✧ la famille ✧ l'intimité ✧ le confort ✧ les parents ✧ le sein maternel ✧ la cheminée ✧ la solution des problèmes ✧ la fin des choses ✧ les secrets familiaux ✧ le foyer

MAISON V

Secteur de l'Amour et du cœur, dans cette maison règne le jeu sous toutes ses formes. Parfois amoureux, d'autres fois spéculatif ou artistique… Quel que soit le canal, il servira à exprimer notre créativité. Dans notre tirage, il met l'accent sur nos désirs, plaisirs, talents. Il y a quelque chose à créer, ne serait-ce que de la joie.

Mots-clés : la créativité et la procréativité ◊ le cœur ◊ les enfants ◊ l'amour ◊ les jeux ◊ la salle à manger ◊ les vêtements ◊ l'art

MAISON VI

Nous voilà dans la demeure de l'expérimentation. Toute d'action, de répétition, de mesure et de précision vêtue, la maison VI est le royaume des réparateurs en tous genres, du médecin au thérapeute en passant par le garagiste. Quand elle se manifeste dans le tirage, elle peut signifier qu'il y a quelque chose à voir du côté de la santé, de l'hygiène ou du travail quotidien.

Mots-clés : Le travail quotidien ◊ les animaux de compagnie ◊ l'alimentation ◊ l'hygiène ◊ le sport ◊ la santé ◊ les lieux où l'on répare ◊ le savoir-faire ◊ les méthodes ◊ les rangements et classements ◊ les contraintes ◊ les services

MAISON VII

Dans ce secteur, c'est souvent une personne en particulier qui retient notre attention. Un partenaire, un associé, un client ou concurrent, notre conjoint, mais peut-être aussi un adversaire. Bref, c'est l'Autre avec un grand A. Il pourra être question du devenir d'une relation, d'un contrat, d'un engagement. Quand cette maison se manifeste, la question est : que fais-je avec l'autre ? Notre relation est-elle équilibrée ? À quoi dois-je être attentif pour lui… et moi ? (Nous précisons car, même là, il n'est jamais bon de s'oublier, ce serait le meilleur moyen de sombrer dans un disgracieux rapport dominant-dominé.)

Mots-clés : l'autre ◊ les contrats ◊ les partenaires et collaborateurs ◊ les clients ◊ le conjoint ◊ l'adversaire ◊ ce qui est en face de soi ◊ le mariage

MAISON VIII

Cette configuration concerne souvent ce qui est caché. Nous y retrouvons la recherche de l'intime, la sexualité (cette fois-ci, plus en lien avec le pouvoir), la fusion, et parfois même le non-dit et le secret. Tout ce qui est de l'ordre de la psychologie, de l'occulte, du magique sans oublier la mort, peut se trouver ici. La manipulation et la recherche du coupable seront aussi de la partie. Cependant, pas de panique, dans un tirage, cette maison invite le plus souvent à tourner son regard vers l'intérieur, et à prendre le temps de découvrir les richesses que recèlent nos zones d'ombre.

Mots-clés : les peurs ✧ l'héritage ✧ la sexualité ✧ les pulsions ✧ le rapport à la mort ✧ l'inconscient ✧ la psychologie ✧ les non-dits ✧ l'occulte ✧ le magique ✧ la passion ✧ les fantasmes ✧ les tabous ✧ les traumatismes

MAISON IX

Dans cette zone, nous rencontrons nos systèmes de valeurs, qu'ils soient principes, croyances ou préjugés. C'est le lieu de l'enseignement, des études supérieures et de tout ce qui sera en lien avec la philosophie, la religion et plus largement la sagesse. Le rapport avec l'enseignant ou le guide sera aussi concerné. Traditionnellement, cette maison concerne également les voyages, la quête de nouveaux espaces. Mais cela peut tout à fait se transposer en quête personnelle et intérieure.

Mots-clés : les étrangers ✧ les enseignants et les lieux de transmission ✧ la philosophie ✧ la religion ✧ les grands voyages (à l'étranger ou intérieurs)

MAISON X

Nous voici dans le secteur de la carrière. Cela recouvre aussi bien les diplômes et la reconnaissance que les responsabilités et l'ambition. Nous cherchons à nous élever grâce à nos compétences, et nous faisons montre d'une certaine autorité. Dans un tirage, cette maison nous invite à œuvrer dans le domaine où, grâce à notre expertise, nous nous épanouissons. Par ailleurs, elle mentionne nos parents, qui peuvent, sous une forme ou une autre, se manifester pendant cette période.

Mots-clés : la réalisation ◊ la vocation ◊ la visibilité ◊ le zénith ◊ ce qui est en haut ◊ la montagne

MAISON XI

Ce secteur fait le plus souvent référence aux amis ainsi qu'aux groupes et associations dans lesquels nous nous investissons. C'est aussi le lieu de l'humanisme, de la politique, et de la liberté... Sans contrainte, et parfois hors convention. Les secteurs de la recherche et de l'innovation sont également concernés. Dans un tirage, cette maison questionne notre place dans le groupe...

Et la posture à adopter au sein de celui-ci sera indiquée par le signe zodiacal sélectionné.

Mots-clés : les amis ◊ les projets ◊ les causes humanitaires ◊ les lieux atypiques où l'on innove ◊ l'universalisme ◊ la politique ◊ les conseils

MAISON XII

Ce secteur synthétise toutes les expériences accumulées dans les maisons précédentes. C'est un temps intermédiaire, qui propose une forme de retrait afin de dégager tous les enseignements du cycle écoulé. Pendant cette période, il n'y a plus de calcul. Profitons-en pour lâcher la petite calculatrice que nous avons dans la tête et offrons sans compter notre disponibilité à ceux qui pourraient en avoir besoin. Si vous le pouvez, partez au vert ou dans des lieux qui se prêtent à la contemplation ou au bénévolat.

Mots-clés : les choses invisibles ◊ les épreuves ◊ les hôpitaux ◊ les prisons ◊ les monastères ◊ la fin de cycle ◊ la dissolution ◊ l'absolu ◊ les périodes de retraite ◊ les expériences mystiques ◊ le bénévolat

Deuxième étape :

LES SIGNES ASTROLOGIQUES

interprétation des résultats

Comme vous avez pu le constater, un signe du Zodiaque correspond au résultat de vos tirages. Voici comment les interpréter.

Déployez l'énergie du BÉLIER

Sur l'horizon se lève mon ardeur indomptée ;
Champion ourlé de flammes, je m'apprête à jouter.

♈

DEVISE : J'AGIS

- Actions suggérées : entreprendre ✧ s'affirmer ✧ affronter
- Tempérament induit : impétueux ✧ exalté ✧ spontané ✧ enthousiaste
- Sans tomber dans les travers suivants : brutal ✧ instable ✧ chaotique ✧ agressif
- Un temps pour : entreprendre

- **Aspect de Carré (90°) : Capricorne-Bélier : dynamique ; tension ; progression.**
- Énergie naturellement présente du 20 mars au 20 avril.

Le Bélier est l'affirmation de soi. Il s'inscrit dans l'action, dans l'ici et maintenant. Son étincelle est source de chaleur et de vitalité… L'opportunité d'un nouveau brasier.

Le Capricorne met les bouchées doubles, galvanisé par cette énergie originelle. Vous qui êtes un redoutable bûcheur, votre force de travail se trouve dopée par une incroyable audace. Aujourd'hui, rien ne vous sera impossible.

L'énergie Bélier est d'abord centrée sur elle-même. Aussi, laissez de côté temporairement l'intérêt général. C'est le moment de songer à vous-même, et de déposer le fardeau des responsabilités familiales ou professionnelles que vous portez habituellement. Dans l'expérience Bélier, votre énergie cultive ses aptitudes cardinales, c'est-à-dire votre étonnante capacité à prendre l'initiative, tout cela porté par un enthousiasme brûlant.

Il est temps d'assumer votre identité profonde et vos aspirations. En conséquence, le désir, sous toutes ses formes, pourrait se manifester dans votre quotidien. Il est probable que vous vous sentiez un peu dépassé par la spontanéité qui se manifestera dans votre gestuelle, ainsi que dans vos expressions. Savourez ce temps d'embrasement, mais soyez attentif : l'énergie Bélier couplée à la vôtre agit comme un amplificateur. Si la situation se révélait conflictuelle, redoublez de prudence, et différez une éventuelle mise au point, car votre tendance naturelle à l'autorité pourrait s'en trouver renforcée.

✷ **Un temps pour entreprendre. Vous serez un véritable déclencheur. Vous aurez beaucoup d'énergie à votre disposition, c'est le *timing* parfait pour commencer quelque chose, avec fougue et enthousiasme. Ne réfléchissez pas trop, il n'est pas temps d'être ordonné, mais plutôt de vous connecter au Feu primordial, parfois explosif, du Bélier. Pour favoriser cet élan, n'hésitez pas à faire appel à des objets ou vêtements qui évoquent pour vous le dynamisme. Osez vous exprimer. Proposez, initiez ! Affirmez-vous, quitte à surprendre vos proches.**

Attention ! L'inconvénient de cette spontanéité est la tendance à foncer bille en tête. Emporté par cette fougue, vous pourriez promettre plus que vous ne pouvez réaliser…

♈

Déployez l'énergie du TAUREAU

Puissance exhale de mes naseaux fumants,
À chacun de mes pas, volupté
des fleurs naissantes.

♉

DEVISE : JE POSSÈDE

- Actions suggérées : persévérer ✧ savourer ✧ accumuler ✧ parler
- Tempérament induit : sensuel ✧ gourmand ✧ paisible
- Sans tomber dans les travers suivants : têtu ✧ apathique ✧ jaloux
- Un temps pour : consolider les bases

- **Aspect de Trigone (120°) : Capricorne-Taureau : coopération ; harmonie ; aide.**
- Énergie naturellement présente du 21 avril au 21 mai.

Le Taureau est animé d'une énergie fixe. Fidèle et constant, il est de ceux sur qui on peut compter : autant de qualités que vous partagez, car vous vous impliquez toujours avec sincérité. Mais par ce tirage, vous apprendrez peut-être à freiner certaines ambitions, surtout celles qui vous imposeraient plus de contraintes que de plaisir.

La Terre du Taureau est celle des plaines riches et fertiles. L'air y est doux, et on y prend le temps de vivre. Aussi, tout va moins vite dans cette dimension. Ne prenez pas ombrage des ralentissements qu'induit cette configuration, c'est l'occasion de perfectionner l'existant. Le Taureau vous conforte dans l'idée que tout beau projet se concrétise d'abord dans la glaise. Notre paisible bovin désire rendre son quotidien aussi satisfaisant que possible. Pour ce faire, qu'il soit question de construire sa maison, sa famille ou ses projets, il prend son temps. C'est une source d'inspiration : être ambitieux quand il est question de bonheur, ménager sa monture et ne pas se tourneboulier la tête inopinément. Le Taureau a la sagesse de se contenter. Tout sensuel qu'il est, il savoure ce qu'il accomplit, même si l'œuvre en question consiste à aller chercher le pain et les croissants.

En bref, ce tirage est l'opportunité de prendre du plaisir. Ce peut être l'occasion d'un savoureux repas pris en galante compagnie, d'un nouveau vêtement qui met vos charmes en valeur, ou pourquoi pas l'achat de ce terrain qui vous permettra de changer de mode de vie… En tout cas, vous rassemblez vos ressources, en prévision de concrétiser des projets qui vous tiennent à cœur.

Naturellement dirigé vers la matière, vous serez sûrement traversé par des réflexions allant des notions de propriété, de gain, jusqu'à celles des attachements relationnels.

✷ **Un temps pour consolider les bases. Vous expérimentez la Terre paisible du Taureau. C'est le moment idéal pour accepter avec philosophie une phase de ralentissement… Que vous pourrez mettre à profit pour consolider vos acquis. Parlez peu, mais avec confiance et aplomb. Retroussez vos manches, et sans vous presser, passez de la théorie à la pratique. Parmi tous les élans qui habitent votre cœur de Capricorne, choisissez un projet, un désir d'accomplissement, et commencez à en poser les fondations. Et si rien ne vous traverse, profitez donc de cette énergie qui pourrait se résumer à « luxe, calme et volupté ».**

Vivre le Taureau est d'abord une perception physique. Veillez à garder les pieds ancrés au sol, car votre énergie, plus dense que d'habitude, viendra directement de là. Amusez-vous à marcher lentement, et n'hésitez pas à vous visualiser sous la forme du divin bovin. Prenez toute votre place en évoluant dans l'espace avec puissance et aura. L'atmosphère est concrète, l'esprit se stabilise et s'engage dans la voie d'une construction positive, bienveillante et empreinte de simplicité.

Prudence sur un point : le Taureau a ses petites habitudes... Parmi lesquelles un très vigoureux instinct de propriété. De là, une forme de possessivité peut s'exprimer... Et la jalousie n'est jamais loin !

♉

Déployez l'énergie des GÉMEAUX

Nous, riants frères aux mains mêlées ;
L'esprit aligné sur le cœur.

♊

DEVISE : JE PENSE

- Actions suggérées : élaborer ✧ créer des liens ✧ découvrir
- Tempérament induit : curieux ✧ social ✧ facétieux
- Sans tomber dans les travers suivants : superficiel ✧ dispersé ✧ nerveux
- Un temps pour : communiquer

✴ **Aspect de Quinconce (150°) : Capricorne-Gémeaux : ouverture aux autres ; incitation au dépassement de soi par de nouveaux objectifs.**

✴ Énergie naturellement présente du 22 mai au 22 juin.

Au contact des Gémeaux, le Capricorne teintera ses ambitions d'une relativité toute bienvenue, quitte à temporairement laisser de côté ses envies de grandeur. À un projet XXL, les Gémeaux préféreront toujours plusieurs projets menés de front. L'objectif ? Nourrir leur insatiable curiosité et proscrire leur pire ennemi : l'ennui.

Idéalement, cette rencontre entre l'énergie des Gémeaux et votre Soleil en Capricorne devrait être vécue comme une expérience ludique, axée sur l'élaboration des pensées et des concepts. Par elle, vous êtes convié au contact et à l'adaptation. En l'esprit facétieux de Mercure, maître des Gémeaux, vous trouverez un compagnon de jeu qui vous rappellera que les choses peuvent être prises avec légèreté.

L'Air des Gémeaux, mutable, vous pousse à communiquer, mais aussi à évoluer là où vous feriez plutôt preuve de conservatisme. C'est lui, l'air frais qui s'engouffre dans les hauteurs de votre donjon. Dans un premier temps, cette légèreté peut bousculer certains repères, mais elle est un antidote aux excès de sérieux. Grâce aux Gémeaux, il est temps de modérer votre gravité légendaire, d'abaisser votre pont-levis et d'accueillir les visiteurs.

Ce tirage vous encourage à faire preuve d'une curiosité intellectuelle et d'une ouverture dans les rencontres. Ouvrez grand les yeux et les oreilles, des opportunités, cachées dans les détails, ne manqueront pas de se présenter.

✷ **Un temps pour communiquer. Mercure vous prend sous son aile. Il est probable que vous deviez mener de front plusieurs missions, sans pour autant avoir le temps de les conduire à terme. Mais peu importe votre apparente dispersion, l'heure est au développement de l'adaptabilité, de la curiosité… Sans oublier la capacité à faire des liens.**

Sur le plan mental, prêtez attention à vos pensées, sans les juger. Laissez Mercure tisser sa trame créative, il vous montre ainsi des chemins intérieurs habituellement masqués…

Soyez réactifs et allez à la rencontre des personnes qui vous entourent, voisins, cousins… dévorez les articles ou les livres qui s'accumulent sur votre table de chevet ; découvrez de nouvelles disciplines, recherchez de nouvelles connaissances, même si cela vous demande de faire quelques kilomètres en voiture. Dans tous les cas, de petits trajets sont à prévoir.

Pendant cette phase, il est possible que vous contactiez votre part adolescente, ou qu'elle se manifeste à travers des interactions avec des personnes plus jeunes que vous. À ce moment-là, soyez à l'écoute, de bonnes idées peuvent en découler.

Cette expérience plutôt cérébrale peut être accompagnée d'une certaine fébrilité.

S'incarner dans les Gémeaux est l'occasion d'apprendre à mettre du jeu dans le quotidien. Grande leçon du Vif-argent !

Déployez l'énergie du **CANCER**

Au reflux de mes vertiges, l'eau bruissante ;
Toujours moi-même... Mais qui suis-je ?

♋

DEVISE : JE RESSENS

- Actions suggérées : imaginer ◊ ressentir ◊ materner
- Tempérament induit : intuitif ◊ sensible ◊ créatif
- Sans tomber dans les travers suivants : lunatique ◊ manipulateur ◊ susceptible
- Un temps pour : ressentir

- **Aspect d'Opposition (180°) : Capricorne-Cancer : intégration ; confrontation.**
- Énergie naturellement présente du 23 juin au 22 juillet.

Attention grand écart ! Le Capricorne, signe de Terre, est l'opposé du Cancer, signe d'Eau. Ils forment pourtant un seul et même axe, et sont appelés à intégrer au cours de leur vie les valeurs de leur opposé.

Dans un premier temps, l'Eau du Cancer peut surprendre le Capricorne. Lui, habitué à diriger d'une main de fer, a de quoi être déstabilisé face à l'énergie sensible et secrète du crabe. En sa présence, le Capricorne expérimente la douceur du signe, et l'adopte sans hésitation, autant pour en profiter lui-même que pour la prodiguer à ses proches. Tout comme les Capricornes, les Cancers chérissent leur tribu. Alors savourez pleinement cette énergie comme on goûte une pause pleine de tendresse : bisous, chocolat chaud et cookies à volonté. Même si la séance de travail du jour se fait en groupe, il s'en dégagera une ambiance « familiale ».

Le Capricorne relâche sa volonté de maîtrise pour s'abandonner à plus de tendresse, et s'autoriser à vivre ses émotions plus ouvertement. Ces émotions ont leur part dans votre vie et viennent nuancer, préciser, enrichir ce que vous savez de vous-même et du monde. S'autoriser à se laisser traverser par elles, sans les soustraire à la vue de ses proches, peut être un enseignement Cancer. Par cet apprentissage, une nouvelle forme de courage se révèle : la sensibilité peut cacher une grande force.

- Un temps pour ressentir, pour retomber en enfance et se laisser bercer par les images primitives[4], qu'elles soient enchanteresses ou terrifiantes. Il est possible, lors de cette phase Cancer, que vous soyez sollicité, homme ou femme, dans votre facette maternante. Vous pourrez expérimenter, quelle que soit la situation, votre faculté à rassurer et à chérir. La Lune, archétype féminin, étant la maîtresse du Cancer, peut-être allez-vous aussi par votre allure et vos gestes exsuder une pure féminité. Les hommes seront reliés à leur part féminine, et manifesteront une sensibilité à fleur de peau.

Lors de cette phase, nous vous invitons à vous relier à votre enfant intérieur. Conviez-le dans votre quotidien, dans votre environnement, que ressent-il en mettant ses pas dans ceux de l'homme ou de la femme que vous êtes aujourd'hui ? Quel message a-t-il à vous transmettre ? Qu'aurait-il pensé de cette situation qui vous touche peut-être actuellement ?

Et pendant que vous y êtes, profitez-en pour vous amuser, créer, et finir la journée avec de la peinture plein les doigts… Peu importe la forme que prendra votre créativité aujourd'hui, donnez-lui les moyens de s'exprimer. Ce qui en résultera pourrait bien vous enchanter.

4. Souvenirs des perceptions fantasmagoriques propres aux enfants : imaginer des géants, redouter le monstre tapi sous le lit, s'émerveiller d'une femme que l'on pare en esprit des atours de la fée.

Déployez l'énergie du LION

Soleil triomphant ;
La vie me fait cortège.
Que je rugisse,
Et tout se désagrège.

♌

DEVISE : JE RAYONNE

- Actions suggérées : rayonner ◊ gouverner ◊ aimer
- Tempérament induit : chaleureux ◊ leader ◊ confiant ◊ généreux
- Sans tomber dans les travers suivants : orgueilleux ◊ tyrannique ◊ fainéant
- Un temps pour : rayonner

- **Aspect de Quinconce (150°) : Capricorne-Lion : ouverture aux autres ; incitation au dépassement de soi par de nouveaux objectifs.**
- Énergie naturellement présente du 23 juillet au 22 août.

Cette expérience n'est pas radicalement différente de celle du Capricorne, car vous êtes tous deux des meneurs-nés. Toutefois, par ce tirage, le Capricorne ne tire plus sa légitimité de sa fonction, mais de sa personne même, qui rayonne d'une autorité bienveillante et chaleureuse.

Cet accord permet au Capricorne de réaliser le chemin parcouru. Ce sont d'excellentes bases pour obtenir davantage de responsabilités. Mais paradoxalement, le Feu fixe du Lion invite plutôt au repos, au ressourcement et à l'établissement en soi-même. (N'oublions pas que le roi des animaux dort vingt heures par jour.) Assumez vos élans, et acceptez la couronne dont vous avez peut-être secrètement rêvé. Mais qui dit couronne, dit... charges. Aussi peut-être serez-vous sollicité pour votre guidance, et votre compagnie sera recherchée pour le réconfort qu'elle peut apporter. C'est le moment d'en faire bénéficier vos proches, comme on prodigue un baume.

Cette posture vous invite à une prise de distance temporaire avec certaines situations, le Capricorne saisit l'opportunité d'apprendre à déléguer ses tâches. Celui qui règne n'a pas vocation à être en première ligne. D'un regard, il se hisse au-dessus des factions, et en ayant toujours à l'esprit que sagesse sans compassion ne vaut pas mieux que compassion sans sagesse, il délivre son jugement.

✳ **Un temps pour rayonner. Dans cette phase, vous serez sur le devant de la scène, tel un roi brillant de mille** feux. Mais notez bien qu'un roi l'est par nature. Alors soyez sobre dans votre allure, comptez sur l'autorité et la légitimité naturelle du félin pour en imposer. À ce sujet, n'hésitez pas à vous inspirer des chats qui vous entourent, ils sont d'excellents maîtres dans l'art de régner avec classe et sobriété. Soignez votre port de tête, il doit être altier, mais détendu. Privilégiez les matières nobles, plutôt que les effets m'as-tu-vu. Vous devez inspirer le respect de fait, en évitant l'écueil de la surenchère. Lorsque vous vous exprimerez, pensez à faire des pauses avant de prendre la parole, afin que votre auditoire soit tout ouïe. De même, placez-vous au centre des personnes à qui vous vous adressez. Le Lion incite à rendre visible et à faire rayonner ses richesses intérieures. Il conscientise, puis affirme son individualité.

Vivre le Lion est une aubaine pour rassembler autour de vous, autour d'une valeur qui vous porte, d'un idéal. Dans cet exercice, vous excellerez et serez charismatique et chaleureux comme le Soleil. En parallèle, vous trouverez certainement l'opportunité de réaliser un geste généreux à l'égard d'une personne ou d'une cause.

Tout au long de cette journée, il vous est proposé de vous connecter à votre cœur, organe Lion par excellence. Reliez-vous à lui. Il est votre centre, ressentez sa vie intérieure. Visualisez que chacune de vos paroles et de vos actions part directement de lui. Au fil de cette expérience, votre cœur et votre créativité seront vos guides. Soyez vous-même de façon pleinement assumée, vous pouvez être fier de ce que vous êtes (ce qui n'a rien à voir avec de l'arrogance), car l'astre du jour n'a pas vocation à se cacher !

Et si jamais on ne vous caresse pas dans le sens du poil, prenez garde à ne pas trop vite sortir les griffes. Et dans vos paroles, évitez les rugissements… Ce sont deux tendances très Lion !

Déployez l'énergie de la **VIERGE**

Je sers, je sème, je moissonne ;
Ô joie,
Toute graine aimée donne nourriture
aux hommes.

♍

DEVISE : JE SERS

- Actions suggérées : ordonner ◊ analyser ◊ optimiser
- Tempérament induit : laborieux ◊ perfectionniste ◊ dévoué
- Sans tomber dans les travers suivants : maniaque ◊ rigide ◊ ruminateur
- Un temps pour : perfectionner

- **Aspect de Trigone (120°) : Capricorne-Vierge : coopération ; harmonie ; aide.**
- Énergie naturellement présente du 23 août au 22 septembre.

Par cet angle, vous vivez une expérience confortable. L'amour du travail bien fait réunit le Capricorne et la Vierge. Les tâches factuelles, si arides qu'elles puissent être, ne vous font pas peur. La prudente Vierge conseille à l'ambitieux Capricorne : « *Si tu souhaites pérenniser ta réussite, rappelle-toi que chaque rouage compte.* »

Quelle que soit l'activité, la dynamique Vierge incite à s'y dévouer corps et biens, avec précision, et dans l'optique d'une application concrète et mesurable. Son souci de perfectibilité demandera au Capricorne de donner le meilleur de lui-même, avec dévouement et méthode.

Dans sa boîte à outils, la Vierge possède l'humilité et l'autocritique, ces aptitudes sont un moteur de la transformation de soi. Cette configuration Terre-Terre vient soutenir le Capricorne dans sa capacité de matérialisation, et par son énergie mutable, lui permet d'élargir son horizon.

Cette expérience est sous le sceau de la discrétion et de la sobriété. Votre allure de leader s'effacera derrière votre labeur et les causes pour lesquelles vous vous impliquerez.

✷ **Un temps pour mettre de l'ordre. Grâce à Cérès, déesse des récoltes, vous aurez une extraordinaire capacité à trier puis classer toutes les informations dont vous êtes le récepteur. Vous serez plutôt discret, petite main silencieuse et laborieuse, et cela vous permettra d'être efficace et très précis dans votre travail. Votre capacité d'analyse balayera tel un**

sonar les personnes et événements qui surviendront. Vous êtes invité à engranger tout ce qui relève votre intérêt, mais également à développer votre aptitude à l'autoanalyse.

Très important en ce jour, connectez-vous à la notion de service. Si une question devait résumer la Vierge, ce serait : À quoi je sers ? Dans quoi j'investis mon énergie, avec quelles conséquences pour mon entourage ? Ce questionnement explique aussi les courantes remises en question qu'expérimente ce signe, qui cherche avant tout à améliorer les choses et les processus.

Plus prosaïquement, les journées où l'on fait le ménage, où l'on va déposer la voiture chez le garagiste, sans oublier d'amener le petit dernier chez le médecin pour son otite, sont souvent sous l'égide de la Vierge.

Attention, l'analyse attirant souvent le regard vers ce qui dysfonctionne, une tendance à la critique ou la dévalorisation peut survenir. Si jamais vous détectez ce travers, n'oubliez pas : « *Ton cœur t'accuse, mais l'Univers est plus grand que ton cœur*[5]. »

♍

5. Variation sur 1. Jean, 3:20. Bible.

Déployez l'énergie de la BALANCE

De Toi et de Moi naîtra l'Harmonie parfaite ;
Dans le chœur céleste, chacun joue sa partition.

♎

DEVISE : J'ÉQUILIBRE

- Actions suggérées : concilier ◊ équilibrer ◊ séduire
- Tempérament induit : diplomate ◊ rectitude ◊ artiste
- Sans tomber dans les travers suivants : indécis ◊ mondain ◊ manipulateur
- Un temps pour : concilier

✶ **Aspect de Carré (90°) : Capricorne-Balance : dynamique ; tension ; progression.**

✶ Énergie naturellement présente du 23 septembre au 22 octobre.

Tous deux guidés par le Bien, le Capricorne et la Balance œuvrent pour rendre heureuses les personnes qui les entourent, mais leurs méthodes divergent. Par ce tirage, le Capricorne expérimente une énergie moins dense que la sienne. La Balance atteint ses objectifs, mais en douceur. Dans son discours, rien ne heurte, et tout le monde succombe peu à peu aux paroles de cette ensorceleuse. C'est pourquoi la subtilité dans la relation et l'art de la diplomatie pourrait bien être un enseignement Balance.

Toutefois, l'expérience Balance vous est familière par certains aspects. Comme elle, vous évoluez dans les milieux de pouvoir d'où on tire les ficelles ; comme elle, vous vous investissez au sein des instances publiques.

Là où le Capricorne est tenté d'imposer ses vues, en toute bonne foi, pour le bien commun, la Balance recherche l'équilibre. Alors qu'habituellement, votre autorité naturelle a pour effet que chacun se tourne vers vous lorsqu'une décision doit être prise, par ce tirage, vous êtes davantage amené à jouer le rôle de conciliateur que celui de meneur. Donc vous serez plus enclin à laisser d'autres prendre les décisions, ou tout au moins, vous leur en laisserez l'opportunité.

L'Air de la Balance, par nature communicante, peut stimuler le Capricorne, peu disert, à verbaliser ses idées, et l'aider à en faire émerger de nouvelles. Ce sera donc un temps d'activité, d'émulation, où le relationnel sera placé au centre.

* Un temps pour concilier. La Balance est un animal de civisme. C'est l'occasion de réaliser aujourd'hui une action juste et donc de vous interroger d'abord sur ce que « juste » signifie pour vous. Également, soyez attentif lors des échanges avec les autres, leur laissez-vous l'espace pour s'exprimer ? Se déployer ? Savez-vous être à l'écoute ? Savoir composer avec l'autre et le considérer est l'axe que la Balance vous propose d'explorer. En effet, trop souvent nous considérons autrui en fonction de ce que nous désirons de lui... Quitte à oublier parfois qu'il est une personne à part entière avec ses désirs et besoins propres.

Vous mettre dans la peau d'une Balance, c'est aussi faire l'expérience du charme et du sourire. Le matin, regardez-vous dans le miroir et souriez avec naturel. Ressentez à quel point ce sourire vous fait du bien, puis testez-le tout au long de votre réalité Balance en visualisant la divine Vénus à vos côtés. Vous ne tarderez pas à remarquer que le sourire est communicatif. Tel un drapeau, il devient un éclaireur d'harmonie. Cette expérience, anodine en apparence, vous permet de dénouer des nœuds, d'assouplir des conflits, d'apporter de la joie et de la beauté à ceux qui vous entourent. Vous remarquerez sans peine que le charme est un catalyseur de communication et d'harmonie. Il en va ainsi du monde et des êtres, ils se laissent attendrir par ce qui a du charme, et la beauté les apaise. Dans toutes les situations qui se présenteront à vous, conservez ouverture et souplesse.

Au contact de la Balance, votre charisme naturel se raffinera subtilement, vous pourriez bien subjuguer les esprits et les cœurs alentour. D'ailleurs, prenez garde : l'amabilité de la Balance comporte un fort potentiel de séduction, et c'est une bonne chose... tant que cela ne tourne pas à la manipulation.

Un autre risque pendant cette phase est de prêter attention à l'autre au point de s'oublier. Comme souvent, la solution est dans le symbole du signe : l'équilibre.

Déployez l'énergie du SCORPION

L'initié qui scrute son obscurité
Trouve plus de lumière
Que mille esprits falots.

♏

DEVISE : J'APPROFONDIS

- Actions suggérées : vaincre ◊ approfondir ◊ sublimer
- Tempérament induit : lucide ◊ combattant ◊ pénétrant
- Sans tomber dans les travers suivants : obsessionnel ◊ morbide ◊ cynique
- Un temps pour : faire preuve de discernement

- **Aspect de Sextile (60°) : Capricorne-Scorpion : enrichissement mutuel ; complémentarité.**
- Énergie naturellement présente du 23 octobre au 22 novembre.

Notre Capricorne a de réels points communs avec le Scorpion : tous deux savent se montrer passionnés, ce sont des mercenaires jusqu'au-boutistes. Toujours loyaux envers les leurs, ils sont les protecteurs vigilants de leur clan.

Pourtant l'expérience Scorpion diffère de celle du Capricorne, car elle lui propose de pénétrer un monde plus subtil. En vous invitant à scruter l'ombre des situations, ce signe d'Eau vous convie à quitter les premières lignes pour analyser l'envers du décor. Tel un sous-marin dérivant dans les eaux profondes de l'esprit des choses, des êtres et des groupes, vous détectez pour ensuite mettre à jour les mécanismes psychologiques et émotionnels les plus intimes. Des prises de conscience émergent et invitent à abandonner de vieux schémas ou liens qui n'ont plus de raison d'être.

Par sa réceptivité, le Scorpion est porté par un élan spirituel prégnant. C'est l'occasion pour le Capricorne de délaisser les rituels traditionnels, pour vivre de l'intérieur une foi plus intense.

Fiez-vous à votre intuition, elle sera votre meilleure alliée au fil de cette expérience, et servira fidèlement votre perspicacité. Par exemple, si un de vos projets comporte un point faible, vous saurez le détecter. À l'instant *t*, vous serez aiguillé vers une combativité froide et déterminée, vous saurez en conséquence prendre vos responsabilités et vaincre sans remords.

- **Un temps pour faire preuve de discernement et laisser parler son instinct. Lucide et tenace, l'énergie du Scorpion encourage le Capricorne à voir au-delà des apparences et des postures. Observez attentivement les personnes qui vous entourent. Que percevez-vous de ce qu'elles ne montrent pas ? Que ressentez-vous lorsque vous êtes dans tel ou tel groupe ? Certes, le Scorpion tranche, mais il régénère aussi. Il est le jardinier qui coupe les branches mortes ou malades, afin que l'arbre reparte de plus belle.**

Le Scorpion apporte du magnétisme. Vous pouvez simplement entrer en contact avec l'autre par le regard et votre seule présence. Vous ferez l'expérience de l'épaisseur énergétique qui peut naître de cette seule intention. Fermez un instant les yeux : avec un tel tirage, si vous étiez dans votre série *fantasy* préférée, vous quitteriez les habits de chef de clan pour endosser la robe du sorcier.

Enfin ce signe facilite le contact avec votre énergie sexuelle. Elle est la source de votre être, laissez-la animer toutes les couches de votre vie. Après tout, on peut toucher les êtres qui nous entourent autrement que par des propos, certes pertinents, mais tranchants comme le fil d'un rasoir.

Déployez l'énergie du **SAGITTAIRE**

Sous mon échine roulent des muscles sauvages ;
La flamme de la Vérité conduit
mes flèches sans âge.

♐

DEVISE : JE SYNTHÉTISE

- Actions suggérées : explorer ◊ synthétiser ◊ transcender
- Tempérament induit : bon vivant ◊ philosophe ◊ enthousiaste
- Sans tomber dans les travers suivants : intolérant ◊ querelleur ◊ grossier
- Un temps pour : s'élever

- **Aspect de Semi-sextile (30°) : Capricorne-Sagittaire : émergence ; aspect facilitateur.**
- Énergie naturellement présente du 23 novembre au 22 décembre.

Lorsque le Capricorne rencontre le Sagittaire, ce sont des prairies, des montagnes et des lacs qui s'offrent à lui. Il n'est plus question de territoire et de clan qu'il faut ordonner. Mais plutôt de terres inconnues à parcourir avec fièvre, ou d'étoile à atteindre pour éclairer le genre humain.

L'énergie du Sagittaire est sublimée dans la poursuite de l'objectif qu'il souhaite atteindre. Incarnation de l'enseignant ou tout au moins de l'initiateur, il pousse le Capricorne à se dépasser et à trouver du sens au-delà de l'utilitaire. Il l'invite à viser ce qu'il est parfaitement apte à toucher, mais qu'il n'ose convoiter, plus à l'aise avec la glaise, qu'il sculpte à l'envi, qu'avec la philosophie ou la spiritualité.

La mutabilité du Sagittaire donne au Capricorne la capacité d'être en mouvement vers une nouvelle prise de conscience de lui-même et des autres. Alors que la Terre cardinale du Capricorne est plutôt apte à démarrer une activité ; le Feu du Sagittaire, mutable, s'affaire tranquillement à modifier l'existant et éclairer l'inconnu, dans l'espoir d'y découvrir de nouveaux horizons. Là où les deux amis se rejoignent, c'est dans leur goût de l'excellence et dans ce désir noble d'apporter leur pierre à l'édifice.

✷ **Un temps pour explorer. Puisez sans retenue dans la confiance illimitée du centaure. Présentement, vous vous sentez l'âme d'un aventurier… Et si vous n'avez pas envie de sortir de vos alpages pour autant, pas** de panique ! L'aventure peut très bien commencer au fond de votre lit. Le voyage du Sagittaire est avant tout intérieur et procède par étapes.

Il commence par les interrogations suivantes : Si je devais me dépasser, me transcender, ce serait pour faire quoi ? Pour aller où ?

Ensuite, il se dit : si je fais quelque chose de positif pour les autres, cette action le sera aussi pour moi... Tandis que si je cherche juste mon bonheur personnel, je renforcerai l'individualisme qui règne.

À partir de là, guidé par une motivation altruiste, recherchant les besoins de sa communauté, le Sagittaire arrive à s'extraire de lui-même et donc de son intérêt personnel. Procédant ainsi, il accède à une vue de la situation dans son ensemble. Et c'est ce simple procédé qui lui permet de trouver si souvent des solutions inédites.

Le Centaure est traversé par des instincts aussi archaïques qu'élevés. Tout le travail sera de prendre le meilleur de ces deux pôles, sans basculer dans l'un ou dans l'autre. Observez vos pulsions pendant cette période, peut-être serez-vous plus sanguin que de coutume, colérique, gourmand ou impatient. Ou peut-être serez-vous traversé par des aspirations sublimes... Dans tous les cas, vous serez très vivant, car le Centaure est prompt à l'appel de l'âme comme à celui de la chair.

Relié aux forces premières, le Sagittaire est porteur d'une contagieuse confiance. Pour lui, tout est possible. C'est la foi. Une certaine simplicité émane de cette énergie qui sait synthétiser et vulgariser les concepts les plus arides… non sans humour. C'est la raison pour laquelle on le retrouve souvent parmi les pédagogues.

Attention, lorsque l'éminent Jupiter rencontre Saturne, les traits d'autorité deviennent légion… Aussi nous vous conseillons de cultiver, lors de cette expérience, une certaine souplesse.

Déployez l'énergie du CAPRICORNE

(que vous connaissez bien !)

Ici règne la terre gelée, la vie endormie ;
Les colonnes de mon temple sont
Maîtrise et Patience.

♑

DEVISE : JE RÉALISE

- Actions suggérées : construire ✧ aboutir ✧ rationaliser
- Tempérament induit : sérieux ✧ pragmatique ✧ engagé
- Sans tomber dans les travers suivants : cassant ✧ passéiste ✧ patriarcal
- Un temps pour : maîtriser

✴ **Aspect de Fusion (0°) : Capricorne-Capricorne : fusion.**

✴ Énergie naturellement présente du 23 décembre au 21 janvier.

Une haute montagne enneigée, encerclée d'une mer de nuages. Sur un de ses versants, peu avant le sommet, les dieux déposèrent là, il y a bien longtemps, un arbre aux racines noueuses et aux branches tordues par les vents. Et depuis, il persévère. Bienvenue sur les terres cardinales du Capricorne. Ici, il fait froid, et ce n'est pas forcément tous les jours qu'on rigole. Le Capricorne possède une puissante capacité de réalisation, une ambition implacable et objective. Tout cela, ainsi que la réussite qui en découle, il ne le doit qu'à lui, et à sa discipline drastique. Vous pouvez rire avec le Capricorne, mais pas avant d'avoir achevé le travail qu'il vous a commandé.

Votre tirage vous préconise d'exprimer vos valeurs Capricorne, ce qui signifie que la boîte à outils remise à votre naissance est précisément celle dont vous avez besoin aujourd'hui. Au cours de cette expérience, vous exploitez votre remarquable aptitude à vous renforcer dans l'épreuve et à consolider les réalisations qui vous tiennent à cœur. Toutefois, soyez attentif à cultiver une certaine souplesse : soyez ferme sans vous montrer rigide, assumez d'être distancié sans pour autant paraître froid. Sous de tels auspices, rien ne saurait vous résister.

La Terre du Capricorne vous conforte dans votre naturel. C'est l'opportunité de matérialiser certains projets. Votre Soleil incite à ne pas se laisser gagner par l'affectivité, mais à évaluer rationnellement les situations et les personnes. Le couperet Capricorne a bien des choses à enseigner :

certaines décisions se fondent sur des données factuelles, plus que sur les sentiments. On se garde ainsi de toute influence fâcheuse.

✳ **Un temps pour construire. À l'heure actuelle, vous êtes appelé à poursuivre une œuvre qui est vouée à se cristalliser et à durer. Ce que vous consolidez aujourd'hui (peut-être trop lentement à votre goût) est fait pour perdurer et être idéalement transmis le temps venu. Là où vous êtes imaginatif, il vous faudra être rationnel. Là où vous êtes empathique, il vous faudra être détaché. Tout au long de votre réalité Capricorne, vous devrez faire preuve de constance, même si vous êtes face à une entreprise fastidieuse ou aride. Le Capricorne possède une présence très dense, proche de celle du Taureau, mais plus froide et plus acerbe. Vous vous imposerez donc par votre expertise, votre posture, votre capacité à encadrer – et recadrer – les autres, sans vous laisser gagner par votre émotivité. Vous ne laisserez pas de place à l'erreur pendant cette période. Soyez également attentif à la manière dont pourraient se manifester des personnes âgées, ou porteuses d'un patrimoine ou bien d'une tradition. C'est la période idéale pour les écouter, les honorer et s'inscrire dans leur sillon.**

Cette phase implique le respect des règles édictées et une conscience aiguë du bien commun. Nous sommes au cœur des structures, nous agissons en accord avec les principes collectifs, et tout cela est très raisonnable.

Cet immémorial bouc à corps de sirène a parfois du vague à l'âme. Cela est dû à sa conscience accrue de la finitude des choses. Voilà le paradoxe de notre Capricorne. Maintenir et nourrir les structures tout en portant la conscience qu'elles ne sont que transitoires. Durant cette période, l'idéal est d'œuvrer en gardant à l'esprit que vous êtes un maillon dans l'infinie chaîne des existants. Hauteur de vue, pragmatisme et détachement donneront à vos actes une dimension, n'ayons pas peur des mots : spirituelle.

♑

Déployez l'énergie du VERSEAU

À mon pouls, je sens battre l'Humanité ;
Chaque soleil naissant, j'invente ses lendemains.

♒

DEVISE : JE VAIS AU-DELÀ

- Actions suggérées : innover ✧ fraterniser ✧ universaliser
- Tempérament induit : altruiste ✧ idéaliste ✧ iconoclaste
- Sans tomber dans les travers suivants : individualiste ✧ puéril ✧ impulsif
- Un temps pour : partager

✶ **Aspect de Semi-sextile (30°) : Capricorne-Verseau : émergence ; aspect facilitateur.**

✶ Énergie naturellement présente du 22 janvier au 20 février.

Le Verseau, signe d'Air, vient alléger la Terre du Capricorne. Toutefois, ne nous cachons pas que c'est une rencontre choc à laquelle vous êtes appelé : la congruence Capricorne face à l'originalité voire la transgression Verseau. Que dit l'ordre établi lorsqu'il rencontre un révolutionnaire ? Tous deux convoitent le pouvoir, mais leurs motivations divergent. Le Capricorne conserve ce qu'il construit, tout ce qu'il réalise se grave dans la pierre. Tandis que le Verseau prône le renversement du jeu, l'inédit, le dépassement des idées poussiéreuses.

Le Verseau vous poussera vers plus de fantaisie, au-delà d'une certaine bien-pensance. Il incitera le Capricorne à prendre en compte de nouveaux éléments dans sa situation actuelle. Quels outils innovants vont vous faciliter la tâche ? Quelles nouvelles personnes surviennent dans votre vie ? Dans quelle cause humanitaire, ou simplement « humaniste », pourriez-vous vous inscrire ? Attention toutefois à ne pas vous éparpiller, car l'appel d'air qu'apporte le Verseau ne pousse pas à la mesure, et le Capricorne est jusqu'au-boutiste.

Toujours est-il que vous pouvez considérer cette phase comme l'arrivée d'un frais renfort, doté d'un solide sens de la camaraderie.

✴ **Un temps pour fraterniser. Au cours de votre réalité Verseau, vous allez vivre l'ouverture au groupe et au monde. Mais plus que cela, vous éprouverez** la sensation que vos propositions sont acceptées, et même mieux, accueillies avec enthousiasme. C'est un vent de liberté et disons-le, d'amour humaniste, qui souffle sur vous, profitez-en ! Demandez-vous ce que le monde peut vous offrir, et ce que vous pouvez offrir au monde, sans vous soucier du poids du collectif ou de la société. Avec Uranus à vos côtés, vous avez la chance de faire l'expérience de l'originalité, voire de l'innovation. Vous serez apprécié pour votre fantaisie et votre camaraderie. Comme le Verseau, citoyen du monde moderne, vous serez amené à être ultra-connecté. Ne vous laissez pas pour autant déborder par l'ivresse du tout-communicant.

Enfin, cette immersion dans les valeurs Verseau est l'occasion rêvée de s'interroger sur la place que tient l'amitié dans votre vie, car le Verseau est l'ami par excellence.

Par cet accord, vous expérimentez un trait significatif : la fixité. Ce qui implique la qualité de persistance dans l'action, mais aussi un mental sujet à l'entêtement. Plutôt que cette tendance, nous vous invitons à mettre à profit une belle ténacité et votre sens naturel du dévouement.

Déployez l'énergie des POISSONS

Amour est mon nom ; Amour est ma quête ;
Quel autre cap sous le firmament ?

♓

DEVISE : J'ACCEPTE

- Actions suggérées : communier ✧ donner ✧ embrasser
- Tempérament induit : réceptif ✧ imaginatif ✧ empathique
- Sans tomber dans les travers suivants : influençable ✧ insaisissable ✧ plaintif
- Un temps pour : aimer

Aspect de Sextile (60°) : Capricorne-Poissons : enrichissement mutuel ; complémentarité.

Énergie naturellement présente du 21 février au 19 mars.

« Ouverture », ce n'est rien de le dire avec un tel tirage. Il n'y a pas grand-chose à intellectualiser, mais tout à ressentir. Une seule solution, embarquez sur le premier chalutier venu, puis une fois au large, l'ancre jetée, plongez. Plongez dans ce monde bleu où les vagues soupirent qu'elles ne connaissent ni limites ni frontières. Tel est l'environnement des Poissons. Les Eaux dissolvent toutes les formes et submergent la multitude. Ainsi, l'individu dissous dans la totalité peut s'identifier à tous, en pleine conscience de l'Absolu dont il se sait issu.

Voilà qui est tout bonnement terrifiant pour le Capricorne. Lui qui n'a de cesse de se raccrocher à sa maîtrise, à sa force de travail, à toutes les valeurs qu'il défend bec et ongles. Quand il explique qu'il ploie sous les responsabilités, les Poissons lui murmurent à l'oreille : « *Rien n'est véritablement de ton ressort. Chaque être a sa trajectoire propre. Lorsque tu penses sauver l'autre, tu ne fais que retarder une expérience qu'il devra tôt ou tard intégrer.* »

Pendant cette phase, il faudra accepter de ne rien contrôler, la tournure des événements est parfois chaotique, mais il ne faut pas s'en inquiéter pour autant, juste prendre patience, et laisser aux nouvelles configurations le temps de s'agencer. En tant que dernier signe du Zodiaque, les Poissons représentent un aboutissement. Ils tendent vers l'acceptation, mais aussi vers la dissolution de tous les concepts assimilés, de toutes les expériences vécues. C'est un temps de digestion à l'issue duquel il ne doit rester que l'essentiel, libéré des apparences.

- **Un temps pour aimer. Le Capricorne doit plonger en haute mer. Considérez absolument tout l'espace, toute la création. Votre intuition vous souffle que les limites ne sont qu'illusion, et que l'Autre est un miroir. Dans ces conditions, la seule chose à faire est d'aimer, sans jugement, sans exception ni condition, ou tout au moins : comprendre.**

En présence d'une personne que vous n'appréciez pas, prenez la mesure de ce qui vous rapproche. Abolissez la frontière entre vous, développez de l'empathie à son égard. Demandez-vous ce que vous pourriez faire pour elle, un geste simple et aimant ou peut-être simplement lui reconnaître intérieurement une qualité d'être. Les occasions d'offrir quelque chose ne manqueront pas, libre à vous de décider à qui. L'amour et le don sont en effet les deux nageoires de nos Poissons. À vous de voir s'il s'agit d'offrir un objet symbolique, un peu de votre temps ou bien votre pardon. Ne vous attendez pas à être compris aujourd'hui, vous serez probablement perçu comme insaisissable. Pendant cette expérience Poissons, vos pensées seront peut-être plus fécondes qu'habituellement mais aussi plus floues, plus nébuleuses. Ne prenez pas pour argent comptant toutes les perceptions qui vous traverseront, Neptune, maître des Poissons excelle dans l'art de dispenser des brumes.

LE POÈME DU ZODIAQUE

Sur l'horizon se lève mon ardeur indomptée ;
Champion ourlé de flammes, je m'apprête à jouter.

Puissance exhale de mes naseaux fumants,
À chacun de mes pas, volupté
des fleurs naissantes.

Nous, riants frères aux mains mêlées ;
L'esprit aligné sur le cœur.

Au reflux de mes vertiges, l'eau bruissante ;
Toujours moi-même... Mais qui suis-je ?

Soleil triomphant ;
La vie me fait cortège.
Que je rugisse,
Et tout se désagrège.

Je sers, je sème, je moissonne ;
Ô joie,
Toute graine aimée donne nourriture aux hommes.

De Toi et de Moi naîtra l'Harmonie parfaite ;
Dans le chœur céleste, chacun joue sa partition.

L'initié qui scrute son obscurité
Trouve plus de lumière
Que mille esprits falots.

Sous mon échine, roulent des muscles sauvages ;
La flamme de la Vérité conduit mes flèches
sans âge.

Ici règne la terre gelée, la vie endormie ;
Les colonnes de mon temple sont Maîtrise
et Patience.

À mon pouls, je sens battre l'Humanité ;
Chaque soleil naissant, j'invente ses lendemains.

Amour est mon nom ; Amour est ma quête ;
Quel autre cap sous le firmament ?

Interroger l'oracle au sujet de problématiques précises

Lorsque vous serez plus à l'aise avec vos tirages quotidiens, n'hésitez pas à poser des questions dites de « stratégie ». Quand vous en arriverez là, n'oubliez pas de poser des questions ouvertes, du type : « Comment dois-je procéder pour que la relation évolue au mieux avec Gérard ? » Ce qui vous apportera beaucoup plus d'informations constructives que le triste : « Gérard va-t-il me quitter ? » symptomatique d'une question fermée (et d'une vision de la relation qui n'est guère plus ouverte).

PROPOSITIONS DE QUESTIONS

SI VOUS AVEZ BESOIN D'UN PETIT COUP DE POUCE POUR VOUS LANCER

- Comment aider au mieux mon ami/enfant/proche ?
- Quelle attitude dois-je adopter pour trouver l'appartement/la maison/le château de mes rêves ?
- De quelle manière dois-je préparer mon entretien professionnel/mon examen/ma compétition du 12 février prochain ?
- Comment dois-je procéder pour trouver ma place dans telle situation ?
- Dans quelle direction dois-je m'engager pour que ma vie évolue au mieux ?
- Ou encore : Quelle est ma vocation ?

VOTRE JOURNAL DE TIRAGE

Un journal de tirage, pour quoi faire ?

Dans votre journal de tirage, vous êtes invité à relever tout ce qui vous a semblé vraiment significatif (ne notez pas les détails sinon vous n'aurez très vite plus de place).

Indiquez de façon très lisible la date, la maison et le signe. Puis ce qui a résonné de façon majeure avec votre tirage. Notez aussi vos réactions face à la dynamique reconnue, vos difficultés concernant l'application de la stratégie conseillée, mais aussi vos victoires (y'a pas de mal à se faire du bien) !

À moyen terme, quand vous aurez alimenté cet espace, tel un archiviste, vous pourrez venir y puiser de précieuses données... Et si votre attitude ne vous avait pas donné entière satisfaction lors du premier *round* dans tel signe et telle maison, vous aurez, à l'aide de vos notes, des informations à disposition pour jouer différemment le match retour.

Par ailleurs, ce journal vous permet aussi d'observer si des schémas se répètent. Peut-être qu'un signe ou une maison se manifeste particulièrement pendant une période... Cela peut valoir le coup d'y réfléchir ; mine de rien, ce sont de précieux indicateurs de vos dynamiques de vie, directions qui n'apparaissent pas aussi limpidement quand vous êtes pris dans le flot du quotidien.

Créer son propre jeu

Les cartes fournies avec le livre sont jolies et remplissent très largement leur office. Mais si jamais vous ressentiez l'envie de créer votre propre jeu, alors suivez ce désir ! Cela crée une relation particulière avec l'outil. À l'instar des druides qui gravaient leurs runes sur des morceaux de bois ou des galets, il devient alors un objet véritablement unique, reflet de votre personnalité. Et s'il vous est difficile de trouver des petites languettes de bois ou si vous n'avez pas le temps d'aller chercher des galets, il existe par exemple des sets de table en imitation cuir, peu coûteux, qu'il est facile de découper en petits carrés sur lesquels vous pouvez inscrire chaque symbole à l'aide d'un feutre indélébile... À vous de voir !

L'essentiel est que vous y preniez du plaisir, et au cas où vous seriez ravi du résultat au point d'avoir envie de le partager, vous pouvez le publier sur un de vos réseaux sociaux en mentionnant les Éditions Jouvence. Elles se feront une joie de le relayer !

VOTRE JOURNAL DE TIRAGE

Date : ....

Question de tirage (si personnalisée) : ....

....

Maison : ....

Signe : ....

Résonnances : ....

....

Difficultés éventuelles : ....

....

Date : ....

Question de tirage (si personnalisée) : ....

....

Maison : ....

Signe : ....

Résonnances : ....

....

Difficultés éventuelles : ....

....

LE MOT DE LA FIN

« *La Nature est un temple*
où de vivants piliers
Laissent parfois sortir de confuses paroles ;
L'homme y passe à travers des forêts
de symboles
Qui l'observent avec des regards familiers. »

Extrait de « Correspondances », *Les Fleurs du Mal*, 1857, Baudelaire.

Nous espérons que cette introduction ludique à l'astrologie vous rapprochera de la nature, de **votre** nature… Qu'elle vous aidera à mieux appréhender ces paroles qui ne sont confuses que pour les gens pressés, ceux qui ne prennent plus le temps d'écouter, et qu'elle vous sera boussole dans cette si fameuse « forêt de symboles » qui n'attend rien d'autre que vous veniez y danser.

Dépôt légal : avril 2021
Achevé d'imprimer en octobre 2021
Imprimé en Serbie par Rotografika